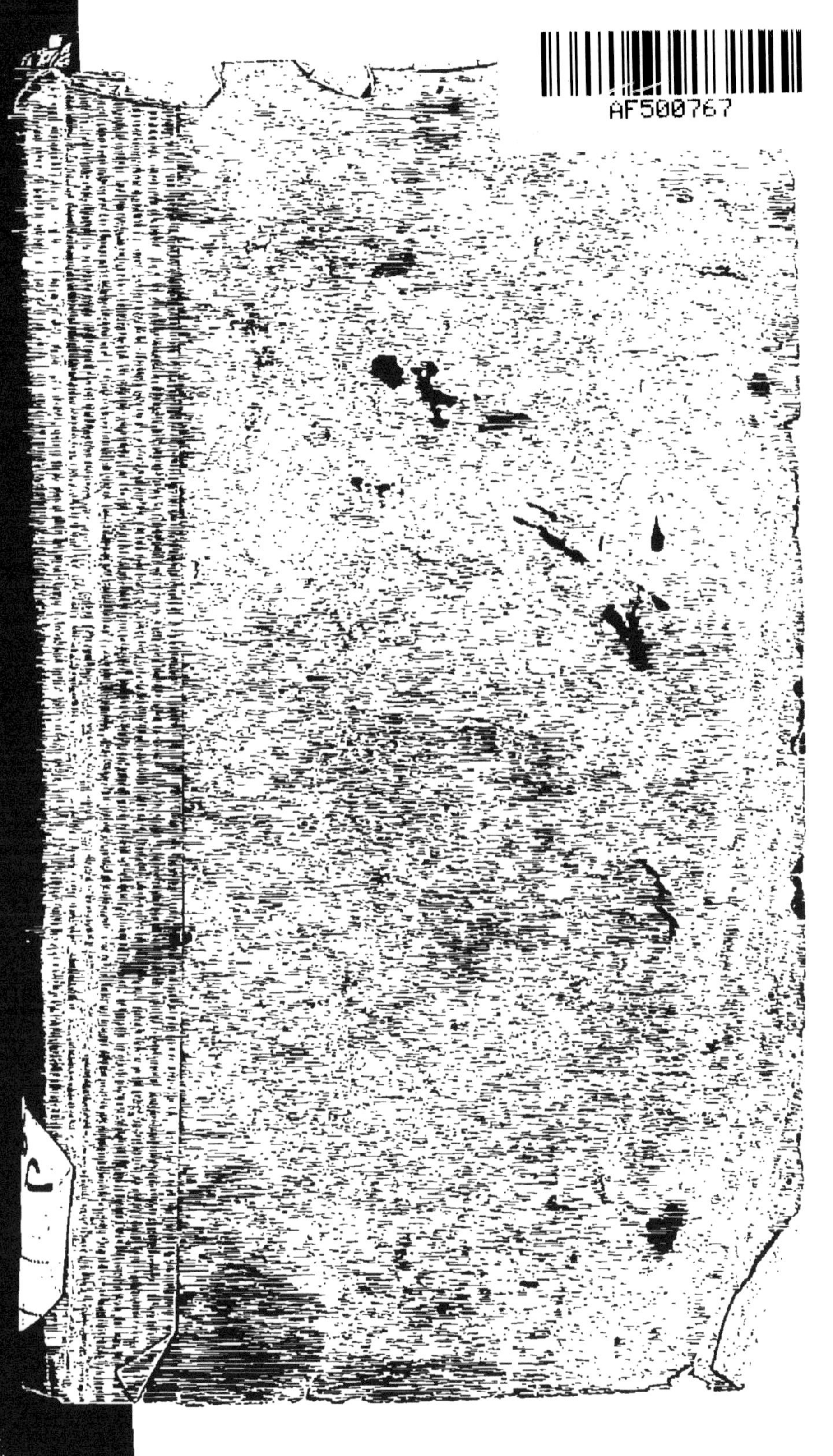

ESSAI

SUR L'HISTOIRE

TOPOGRAPHIQUE

PHISICO-MÉDICINALE

Du District de Boulogne-sur-mer,
Département du Pas-de-Calais.

ESSAI
SUR L'HISTOIRE
TOPOGRAPHIQUE
PHYSICO-MÉDICINALE

Du District de Boulogne-sur-mer, Département du Pas-de-Calais.

Par le Citoyen SOUQUET, Médecin de l'Hôpital militaire de ladite ville, & membre de la Société Nationale de Médecine de Paris.

De aeribus, aquis, & locis. Hyppocrat. opera Comment. Focs. Francofurt. 1593, in fol.

Prix 30 sous. Se trouve chez l'Auteur.

A BOULOGNE,
DE L'IMPRIMERIE DE DOLET, l'an deuxieme de la République Française, une, indivisible & impérissable.

A LA CONVENTION NATIONALE.

CItoyens Législateurs,

DAIGNEZ recevoir l'hommage de l'Essai Topographique du District de Boulogne, Département du Pas-de-Calais, dont les membres qui en composent le Directoire, pénétrés de vos décrets patriotiques & lumineux, les font exécuter avec le plus grand soin; ils nous inspirent par leur exemple, par leur exactitude & leurs travaux, le patriotisme le plus pur, le calme

& la tranquillité de notre Département, même de ceux qui nous avoisinent.

Qu'il sera flatteur, Citoyens Législateurs, si vous accueillez favorablement l'esquisse simple du résultat de 46 années de veilles & d'observations d'un franc & ancien Républicain, qui s'unit au désir ardent du peuple & de la sublime République Françaisé, pour vous engager fortement à rester constamment fermes dans les postes de sa souveraineté, dont elle vous a confié le soutien, jusqu'à ce que vous l'aurez établie d'une maniere solide & inaltérable.

Je me joins au zèle & à la fermeté éclairée du patriotisme de la Société révolutionnaire & popu-

laire des Jacobins, & de celles qui lui sont affiliées; la nôtre, une des premieres de ce nombre, y joue un rôle distingué, sur-tout depuis qu'elles sont encouragées & soutenues par le caractere constitutionnel, dont vous les avez investies.

Citoyens Législateurs,

Salut & fraternité.

SOUQUET.

ESSAI

Sur l'Histoire Topographique-Phisico-Médicinale du District de Boulogne-sur-mer, Département du Pas-de-Calais.

Position de Boulogne-sur-mer.

Cette ville, chef-lieu du District, suivant le méridien de l'isle de Fer, est située au 19me. degré 16 minutes 44 secondes de longitude, & au 50me. degré 41 minutes 31 secondes de latitude; elle est divisée en haute & basse ville.

La haute est sur une éminence, elle forme un parallélograme rectangle, fermé par un rempart d'environ 60 pieds au-dessus du terrein extérieur, & d'environ 25 pieds au-dessus de l'intérieur.

La longueur du parallélograme, qui forme aussi le rempart, est de deux cents toises, de la largeur de cent soixante. Les quatre angles étoient autrefois flanqués de quatre tours très-fortifiées ; elles sont actuellement détruites. On n'y voit plus que de foibles vestiges de fortifications, excepté celles qui forment encore le château, qu'on continue d'entretenir, tant pour l'arsenal & les magasins à poudre, que pour le logement de quelques compagnies d'invalides ou d'autres troupes.

La méridienne de la haute ville passe diagonalement d'un angle à l'autre de ce parallélograme ; le côté vers S. O. qui présente la largeur de la ville, se termine au midi par les ruines de la tour Françoise, & vers O. sur la basse ville, par celle de la tour Gayolle. Ce côté présente une vue des plus agréables ; une montagne dominante sur laquelle est le village d'Outreau, au-delà de la gorge du chenal. Au pied du rempart est le fauxbourg de Brequereques & celui de la porte ci-devant Royale, dont les terreins adjacens sont cultivés en jardins.

Au dessus du rempart, à-peu-près au milieu de ces deux tours, se trouve une ancienne porte, dite des Dégrés ; cette porte eſt actuellement bouchée : elle étoit inacceſſible aux voitures, par la rapidité de la rampe qu'il falloit gravir pour y arriver. Le côté vers S. qui offre la largeur de la ville, ſe termine au S. par la tour Françoiſe, & à l'oueſt par le château. Il ſe trouve ſous cette partie du rempart la porte dite Gayolle, qu'on pourroit plutôt appeller la porte de France. La vue de ce côté découvre une des plus hautes montagnes du Boulonnois, à une demi-lieue de la ville ; elle porte le nom de Fort de Mont-Lambert. Les hameaux de la Waroquerie & d'Oſtrohove, le village de St. Etienne placé auſſi ſur une très haute montagne, la grande route de Paris, & enfin la vue de la campagne de ce côté, offre le plus beau tableau champêtre qu'on puiſſe voir. Au pied du rempart on voit un plant d'arbres qui forment une promenade agréable.

Le côté au N. E. ſe termine à l'E par le château, & au N. par les ruines de la tour Notre-dame ; c'eſt de ce côté que la porte Neuve, autrement dite porte de Calais, ſe termine. La vue dans cette partie eſt bornée par une chaîne de montagnes qui dominent la ville, éloignée de trois cents toises ; de là, elle forme la suite de la montagne de Mont-Lambert : on y voit des moulins, le hameau de Maquestra, & une partie du village de St. Martin, à un quart de lieue de la ville. Le côté N. O. présente un des grands côtés du rempart, qui est terminé par la tour Notre-dame, & par celle dite Gayolle, dont nous avons déjà parlé. Sous cette partie se trouve la porte des Dunes, qui forme la communication de la haute avec la basse ville. De cette partie du rempart on découvre toute la basse ville, l'entrée du port, la plage de la mer qui forme un coup-d'œil très-intéressant ; dans un jour serein on voit les côtes d'Angleterre, & même le château de Douvres : on découvre aussi sur la mer, à l'O., les vaisseaux jusqu'à quinze & vingt lieues. Toute l'étendue du rempart est bordée par une double rangée de beaux arbres à vingt pieds l'un de l'autre, qui forment ensemble de belles promenades & des vues très-variées.

L'espace de la haute ville est coupé par plusieurs rues, dont les deux principales partent des quatre portes & aboutissent à une petite place formant un quarré long, ayant les côtés à-peu-près paralleles à ceux du rempart : cette place est presque au centre de la ville. Les rues en sont bien pavées, les maisons construites de belles pierres, sont élevées à plusieurs étages, mais elles n'offrent aucun édifice frappant.

Il y a six fontaines publiques, dont trois sont décorées d'un peu d'architecture, les emplacemens n'ayant pas permis d'en faire davantage. L'eau qui les approvisionne, très-bonne à tous égards, vient de la source dite de Beaurepaire, située sur une montagne au N., à un quart de lieue de la ville. Elle fournit six pouces d'eau, qui peuvent produire journellement huit cents muids. En été on laisse ordinairement couler le trop plein dans les ruisseaux, ce qui rend l'air salubre & frais : en hiver le trop plein s'écoule par des souterrains. Le poids de ces eaux que j'ai analysées, ne donne que soixante-sept livres huit onces par pied cube.

Observations sur les fossés du château.

CES fossés étoient ci-devant remplis d'eau stagnante, verdâtre & d'herbes pourries; on y jettoit aussi des animaux & toutes sortes d'ordures: mais quoique les miasmes méphytiques qu'exhalent ces cloaques occasionnent ordinairement des fievres putrides & malignes, j'ai constamment observé lors des maladies populaires & contagieuses qui se sont manifestées quelquefois à Boulogne, que les habitans du château & des environs en étoient exempts. J'ai aussi remarqué que de ce côté les arbres sont plus verds, plus gras, plus gros & mieux nourris que les autres; ce qui justifie l'assertion des physiciens & des médecins célébres, qui ont démontré que les miasmes putrides, fétides, émanés des foyers de cette nature, très-végétatifs, se portent abondamment aux arbres, qui en sont fort avides, & que l'air après y avoir déposé son venin putride, s'en dégage & en sort bien purifié; de là il s'unit & se lie de proche en proche jusqu'à une certaine étendue à l'air ambiant. J'en conclus que quand des marais, des lacs, des étangs & autres lieux contenant des eaux croupissantes & bourbeuses, ne peuvent être desséchés, on pourroit prévenir le danger des exhalaisons qu'ils produisent par des plantations de deux rangées d'arbres à la distance l'un de l'autre de six pieds, plus ou moins, suivant l'espece du plant & la nature du local. Il ne faut pas imaginer pour cela que les habitations au milieu d'une forêt épaisse soient salubres; il est prouvé, au contraire, que cet air privé de liberté, de mouvement & de circulation n'étant pas élaboré, dépose & entretient une humidité continuelle plus ou moins abondante, d'où résultent la laxité, la diminution du ressort des solides, la langueur des fonctions & des facultés morales & physiques, les affections scorbutiques, l'empâtement édémateux & souvent l'hydropisie.

Description de la basse ville.

LA basse ville est beaucoup plus grande que la haute, elle est située à l'ouest de cette derniere; elle forme un triangle presque équilatéral, dont les côtés sont d'environ quatre cents toises de longueur. Deux de ces côtés sont fermés par un mur, & le troisieme par la riviere de Liane, qui forme le chenal dans cette partie.

Le cordon au N. N. E. est percé par

cinq portes, qui ne forment que de simples ouvertures. La premiere, vers la haute ville, se nomme porte de l'Abreuvoir; elle sert de communication aux promenades du tour de la ville. Celle qui est au-dessous, dite de St. Michel, communique à la promenade des tintilleries qui conduit au fauxbourg de ce nom, où sont plusieurs guinguettes très-fréquentées. En remontant à la falaise, on trouve la porte dite du Calvaire, qui conduit au fauxbourg de ce nom. La cinquieme enfin, se nomme porte Wallore ou du port. Le côté vers S. E. n'est percé que d'une seule ouverture ci-devant porte Royale, & à présent de Beaurepaire; elle est sur le chemin de Paris. Tous les murs qui forment ce cordon sont sans entretien depuis très-longtems; ils tombent en ruine. Une partie de la basse ville s'éleve sur une colline qui communique à la haute par la porte des Dunes, & l'autre partie plus considérable dans la baye du port. La basse ville est percée par six grandes rues, traversées par d'autres de communication. Un des quartiers à l'E. nommé les carreaux, est coupé par des rues tirées au cordeau.

Toutes les maisons de cette ville sont

conſtruites en maçonnerie, & preſque toutes de nouvelles conſtruction, élevées en partie en pluſieurs étages: le pavé des rues y eſt bien entretenu & propre. Il y a deux places, l'une dite St. Nicolas, au centre de la ville, formant un parallélograme, en face de l'égli e paroiſſiale, dont la nef eſt nouvellement bâtie, l'autre dite des victoires, ſituée vers le port.

Le port s'ouvre à l'angle occidental du triangle que forme cette baſſe ville; il ſe trouve entre deux falaiſes ou éminences que la nature paroît avoir faites pour ſa défenſe: il eſt placé à l'embouchure de la Liane. Ce port aſſez bien ſitué, ſera réparé & amélioré inceſſamment; ce qui le rendra plus important.

Le commerce le plus conſidérable de Boulogne eſt la pêche, ſur-tout celle des maquereaux & des harengs.

L'expérience a fait connoître que le trajet de France en Angleterre eſt plus court & plus avantageux, à tous les égards poſſibles, par le port de Boulogne, que par les ports voiſins.

L'air de la ville & de ſes environs, bien plantés, eſt pur & très-ſain; on n'y trouve aucun marécage ni eaux ſtagnantes. Les ſituations en ſont fort gracieuſes

& très-variées : outre les promenades champêtres, la grêve de la mer en forme une très-intéressante & fort fréquentée.

Projet important de rendre la Liane navigable jusqu'à Samer.

ON peut facilement rendre cette riviere navigable depuis le bas de Samer jusqu'à la mer ; pour cet effet un simple curement & quelques redressement suffiroient : la dépense, pour en remplir l'objet, seroit très-peu de chose en comparaison des grands avantages qui en résulteroient, tant par la navigation depuis Samer jusqu'à Boulogne, que sur-tout pour le desséchement & pour prévenir les inondations fréquentes de belles & bonnes prairies & terres qui y sont exposées dans cet espace de quatre lieues ; mais pour y réussir, il faudroit baisser ou supprimer quelques moulins qui se trouvent dans le cours de cette riviere. Ce travail, dis-je, procureroit l'amélioration de plusieurs grandes prairies & d'autres très-bonnes terres, & faciliteroit le transport des bois, marchandises, bled & autres denrées, soit par belandres, bateaux ou radeaux,

Réflexions ſimples ſur les avantages incalculables qui réſulteront de l'établiſſement d'un pont de communication de la baſſe ville de Boulogne au hameau de Capecure.

IL y a très-long temps qu'on a reconnu la néceſſité abſolue de conſtruire ce pont d'une maniere ſolide : celui qui exiſte actuellement n'a que deux pieds quatre pouces de largeur ; il eſt fabriqué d'ailleurs d'aſſez mauvais bouts de planches de bateaux, & n'eſt praticable que pour les gens de pied, lorſque la mer eſt preſque baſſe. A l'égard des chevaux & voitures, le chenal n'eſt guéable qu'après que la marée eſt entiérement retirée ; & quand elle eſt pleine ou qu'elle couvre le pont, on eſt obligé de traverſer le chenal dans des petits bâteaux, qui dans des temps orageux ou tempétueux, pris quelquefois dans le cours du paſſage, expoſent les paſſagers à périr. Les choſes ne peuvent donc reſter dans l'état actuel ſans de grands inconvéniens ; outre que le trajet du chenal ſe trouve intercepté, deux perſonnes chargées ne peuvent ſe rencontrer ſur le pont ſans ſe heurter & riſquer de tomber dans l'eau. Le gué eſt auſſi fort dangereux, & les chevaux & voitures y courent de très-grands riſques, à cauſe des ſables mouvans qui varient ſans ceſſe.

La conſtruction d'un pont de ſeize pieds de largeur & qui s'éleveroit à trois pieds au-deſſus des hautes marées, ſeroit d'une extrême utilité ; c'eſt l'unique moyen d'établir une communication courte, aiſée & toujours libre, entre Boulogne & pluſieurs villages & hameaux aſſez conſidérables, tels que Capecure, Outreau, le Portel, Equihen & autres ſitués ſur la côte juſqu'à Dannes. Cette partie eſt celle qui fournit la plus grande quantité de poiſſon à Boulogne ; on en tire auſſi beaucoup de denrées & autres objets de premiere néceſſité.

Ce pont ne ſeroit pas moins utile pour le ſervice des forts, le tranſport des materiaux, & de tous les objets néceſſaires à la défenſe de nos côtes, qui, en temps de guerre, ſont expoſées aux deſcentes de l'ennemi. Il ſerviroit pareillement à tranſporter dans la ville les effets provenans des échouemens assez fréquens sur toute cette partie de notre côte ; & une fois que cette communication seroit ouverte, on ne tarderoit pas à voir se former de l'autre côté du chenal, des maisons, des jardins & des plantations, sur-tout dans la sorte de vallée qui longe la montagne d'Outreau, très-fertile, bien abritée du vent N. O., dans une des expositions la plus avantageuse de notre District, & qui présente une situation qui remplit le double objet d'utilité & d'agrément : on y bâtira, on y fera des jardins & des plantations de toutes les especes. La largeur du chenal où l'on se propose de faire ce pont, est d'environ quatre-vingt toises qu'on peut réduire beaucoup. La Liane qui coule dans ce chenal, n'a dans sa partie supérieure qu'à-peu-près trente-cinq pieds de largeur sur trois ou quatre de profondeur ; mais lorsqu'il survient des crues d'eau, elle se déborde & inonde les prairies. Il faudroit que vers le milieu du pont projetté on lui conservât soixante pieds de largeur, qu'on diviseroit en deux arches, en y établissant des digues, dont l'une commenceroit au pied de la premiere, & l'autre à celui de la derniere. Il résulteroit de l'établissement de ces digues dirigées & conduites aussi loin qu'on le croiroit nécessaire, que cette riviere auroit un lit de soixante pieds & plus, dont elle ne pourroit dévier, & que chaque côté ainsi enclos, donneroit quarante-cinq mesures ou environ de terres très-précieuses pour divers établissemens, sur-tout pour des chantiers & des corderies qui se trouveroient très-à portée du port & des marins, tandis qu'à présent les cordiers sont obligés de placer leurs atteliers ça & là dans les promenades publiques & ailleurs, loin de leur demeure & du port. On sent de quelle importance seroit ce nouvel établissement pour une ville maritime.

La maniere de construire le pont n'entre point dans mon sujet; il me suffira d'observer que cette construction, en y comprenant les deux digues, ne monteroit, selon le devis qui en a été fait, qu'à environ soixante-deux mille livres.

Nous avons plusieurs manufactures à Boulogne & dans d'autres cantons du District. 1°. Dans notre ville, celle de fayance par le citoyen Verlingues. 2. Celle de grès, façon du Hainaut, à l'usage des colons, par Gody. 3. Une autre par les citoyens Delporte, de savon vert & blanc. 4. Encore une de ſavon vert & blanc par le citoyen Ch. Butor. 5. Une manufacture de bas au métier, par le citoyen Adam. 6. Une fabrique de chandelles, de bougies & de blancheries de cire, par Delaunay. 7. Pluſieurs manufactures de tabac, par différens citoyens. 8. A Deſvres, différentes manufactures de groſſes étoffes. Diverſes autres de poteries, tuiles, &c. Enfin à Hardinghen une verrerie conſidérable.

Obſervations analytiques ſur les eaux martiales froides de Boulogne.

Analyſes des eaux de Boulogne.

Les eaux martiales froides de Boulogne, connues ſous le nom ſimple de fontaine de fer, & preſcrites par tous les Médecins, mes prédéceſſeurs, avec beaucoup de ſuccès, dans les cas ci-après indiqués, n'avoient point encore été analyſées, (perſonne au moins n'en a connoiſſance) lorſque le 18 Octobre 1756, je me tranſportai à leur ſource, diſtante de la ville d'environ cent cinquante toiſes, à droite ſur la route de

Calais, pour connoître leurs qualités par les réactifs ordinaires.

Dans tous les endroits où coulent ces eaux, j'apperçus une rouille ferrugineuse & terreuse fort abondante. Prises à leur source, elles sont froides, claires & limpides; elles ont un goût âpre, subastringent & ferrugineux très-sensible, après les avoir gardées dans la bouche pendant quelque tems : leur pesanteur spécifique est égale à celle de nos eaux de fontaines & citernes, qui sont un peu séléniteuses.

1°. Par la noix de galle en poudre, en décoction, ou dans l'esprit de vin, elles acquierent sur le champ une couleur pourprée, qui, augmentant de plus en plus, devient très-forte ou très-foncée.

2°. L'infusion du thé vert leur donne une couleur brune, & le bois de Brésil celle de bleu de Prusse.

3. Ces simples analyses justifierent parfaitement l'idée que je m'étois d'abord formée en 1756, de l'existence du fer dans nos eaux.

En 1763, les mêmes réactifs me donnerent exactement les mêmes résultats.

4. A cette derniere époque ayant mis

un peu d'esprit de vitriol dans cette eau, il s'y fit une effervescence fort sensible pendant quelques minutes.

5. Le sirop de violette mêlé dans la même eau, lui donne une couleur verte.

6. Le savon rapé s'y dissout imparfaitement, l'eau devient laiteuse; il y reste ça & là, & même à la surface de l'eau, quelques petits flocons suspendus & nageans. Cette dissolution imparfaite du savon est due autant à l'espece de terre absorbante constituante, qu'à l'acide vitriolique.

7. En 1773 & 1775, les mêmes expériences produisirent les mêmes résultats.

J'ai toujours estimé par les épreuves simples ci-dessus, & par les bons effets qu'elles ont produit sur les malades auxquels je les ai fait prendre, que nos eaux étoient très-ferrugineuses & légérement savonneuses, qu'elles contenoient une partie terreuse, calcaire & peu argilleuse.

8. Je me suis enfin transporté pour la derniere fois à notre fontaine, le 15 Décembre 1783, accompagné de M. Bethancourt, maître apothicaire en cette ville, très-bon chymiste & artiste habile.

Nous avons commencé par vérifier les opérations déjà faites, elles se sont trouvés conformes & nous avons continué par celles qui suivent.

9. La quantité de bulles d'air que nous avons observées dans notre eau, lorsqu'on l'agite ou qu'on la verse d'une certaine hauteur dans un verre, est beaucoup plus considérable que celle qu'on voit dans l'eau commune agitée de la même maniere; & la belle couleur d'un rouge violet que la teinture de tournesol a donnée dans l'instant à un gobelet plein de cette eau prise à sa source, décide la présence du gaz aëriforme, & d'un acide que nous jugeons être le vitriolique. Le gaz tient une partie de fer en suspension, & l'acide l'autre partie en dissolution. Les alcalis, au contraire, n'y ont produit aucun changement, ni aucune altération quelconque.

10. Ayant versé dans un gobelet de notre eau minérale quelques gouttes de dissolution du nitre mercuriel dans l'eau commune distillée, elle s'est troublée aussitôt, & a déposé quelques minutes après un précipité d'un beau jaune, connu sous le nom de Turbith minéral; ce qui nous fait conclure que l'acide

vitriolique est le dominant de nos eaux.

11. L'eau de chaux filtrée plusieurs fois, & mise en petite quantité dans un verre rempli de notre eau martiale, l'a d'abord troublée, & presque de suite elle a déposé un précipité blanc. Après avoir décanté l'eau, nous avons versé un peu d'acide vitriolique sur ce précipité, qu'il a dissous sans effervescence; ce qui nous donne lieu de croire que cette terre est alumineuse, l'eau de chaux ne dissolvant point les sels à base de terre calcaire.

12. La dissolution du tartre stibié dans l'eau commune bien distillée, versée dans notre eau minérale, n'y produit aucun changement; ce qui prouve évidemment qu'elle ne contient point de gaz hépatique, ni de souffre sous aucune forme; dans le cas contraire, l'eau auroit pris une couleur rougeâtre qui auroit indiqué une espece de souffre doré d'antimoine.

13. La dissolution d'argent par l'acide nitreux, formant un précipité blanc au fond du verre, est encore une preuve bien claire qu'il n'existe point de souffre dans nos eaux.

14. L'huile de tartre par défaillance n'y fait aucune effervescence, rend l'eau

laiteuse, offrant à sa surface une iris, vers le milieu un suspensum fort léger, & au fond du vase un précipité blanc.

Nous avons laissé cette eau pendant vingt-quatre heures à l'air libre, le suspensum ne paroissoit pas s'être précipité. L'eau ayant été décantée avec son suspensum, nous avons versé quelques gouttes d'acide vitriolique sur le précipité restant, il s'est fait une effervescence assez sensible, qui a dissout entiérement le précipité.

15. L'alkali volatil (qui décèle le cuivre par-tout) mis dans nos eaux, y a simplement formé un précipité blanc sans altérer la couleur de l'eau ; ce qui atteste clairement qu'elles ne sont pas cuivreuses.

16. Pour nous assurer encore d'une maniere physique de la présence du fer, & de l'acide vitriolique dans notre eau, nous l'avons exposée à l'air libre pendant vingt-quatre heures, dans un vaisseau ouvert, il s'est formé au fonds du vase un léger précipité d'une terre ferrugineuse, sur laquelle, après en avoir décanté l'eau, nous avons mis une pincée de noix de galle, qui lui a communiqué sur le champ une couleur de pourpre

moins foncée que lorsque nous avons fait la même épreuve en grand dans nos eaux, prises à leur source.

Suite de l'analyse des eaux martiales de Boulogne, par la voie de l'évaporation, de la précipitation, &c.

Premiere Expérience.

Nous avons mis d'abord sur un feu très-modéré, quatre-vingt-dix livres de notre eau minérale dans six terrines de grès très-mince, contenant chacune quinze livres d'eau. La chaleur étant parvenue au cinquante-sixieme degré, au thermometre de Réaumur, nous avons observé à la surface une infinité de bulles d'air qui se succédoient les unes aux autres, tandis qu'il se précipitoit à mesure des globules ferrugineuses au fonds du vase; ce qui nous a mis en droit de croire que le fer, précipité à un degré de chaleur inférieur à celui de l'eau bouillante, étoit contenu dans nos eaux par un gaz volatil. L'évaporation a été continuée au même degré jusqu'à la cessation de l'éruption des bulles gazeuses, ainsi que de la précipitation de la chaux ferrugineuse qui ont fini ensemble. Pour parvenir à la séparation exacte de cette chaux, nous avons fait les expériences suivantes.

Seconde Expérience.

Nous avons pris doucement un verre de cette eau en évaporation, avant que d'en décanter la totalité ; nous y avons jetté une pincée de noix de galle en poudre, pour nous assurer si elles contenoient encore du fer ; elles n'ont donné aucun signe de minéralité. Pour nous en convaincre d'une maniere plus claire, nous avons versé dans un autre verre rempli de la même eau, quelques gouttes d'Alkali saturé de la matiere colorante du bleu de Prusse, l'eau n'a encore donné aucun signe qui annonçât la présence du minéral. Assurés par ces épreuves de la précipitation totale de la chaux ferrugineuse, nous avons décanté nos eaux dans d'autres terrines : sur la fin de la décantation, nous avons mis avec soin ce précipité sur un petit filtre. La même opération a été faite sur toute la partie restante des quatre-vingt-six livres d'eau. Nous avons ensuite rassemblé tous les précipités de cette chaux ferrugineuse, laquelle bien séchée, pesoit soixante-huit grains, que nous avons mis dans une cuillere de fer avec quelques gouttes d'huile d'Hypericum, nous l'avons exposée au feu jusqu'à ce qu'il n'en sortît plus de fumée ou vapeur; il en est résulté un æthiops minéral du plus beau noir, attirable en entier par l'aimant.

Troisieme Expérience.

En continuant les évaporations après que le fer en eût été séparé, il ne s'est dégagé de l'eau aucune bulle d'air; elle ne s'est point troublée, elle est au contraire restée claire & limpide; mais il se formoit à sa surface une infinité de pellicules qui se précipitoient à mesure qu'elles paroissoient. Ayant continué nos évaporation jusqu'à siccité, nous avons obtenu une once six gros onze grains de précipité terreux, chargé d'une infinité de petits cristaux séléniteux.

Quatrieme Expérience.

Nous avons d'abord lessivé ce précipité avec l'eau distillée froide, ensuite à l'eau presque bouillante, également distillée. Cette lotion filtrée & mise dans une capsule de verre, en évaporation au bain de sable jusqu'à pellicule, & laissée se cristalliser dans un seau de verre, nous a produit trente-six grains de beau sel de Glauber en prismes réguliers.

Cinquieme Expérience.

L'eau mere restante après une seconde évaporation, laissée à l'air libre, nous a encore donné vingt-quatre grains de sel de Glauber informe, fort roux, & d'une cristallisation moins réguliere ; ce qui restoit ne fournissant plus de cristallisation, a été évaporé jusqu'à siccité, ensuite dissous dans l'eau distillée. Nous avons ajouté à la dissolution quelques gouttes d'huile de tartre par défaillance, nous avons obtenu quarante grains d'un précipité terreux, fort roux, qui étoit entiérement soluble par l'acide vitriolique ; nous l'avons regardé comme une terre magnésienne, qu'on trouve ordinairement dans les eaux meres du sel de Glauber. Pour nous assurer du déchet de notre premier précipité résultant des quatre-vingt-dix livres d'eau, dont nous avions obtenu du sel de Glauber par cristallisation, & la magnésier par précipitation, nous avons pesé le précipité restant ; il étoit diminué de deux gros & demi

demi par les opérations ci-dessus. Nous avons ensuite procédé, par les expériences suivantes, à l'examen d'une once trois gros du précipité terreux qui nous restoit.

Sixieme Expérience.

Ce précipité a été mis dans un bocal de verre, sur lequel nous avons versé à plusieurs reprises, du vinaigre distillé, d'où il résulte une effervescence très-marquée. Nous avons continué jusqu'à la parfaite saturation : assurés par là que toute la terre calcaire étoit dissoute, nous l'avons précipité par un alkali fixe; nous avons obtenu, après la décantation, un beau précipité blanc, qui, bien séché, pesoit une demi-once.

Septieme Expérience.

Le résidu de la dissolution saturée, qui avoit résisté à l'acide du vinaigre, a été soumis à l'action de l'acide vitriolique affoibli, qui en a dissous trente-six grains sans aucune effervescence. La liqueur décantée, étant évaporée, a fourni une cristallisation séléniteuse, formant de petits cristaux à aiguilles, groupées plusieurs ensemble.

Huitieme Expérience.

Le dernier résidu qui avoit résisté aux acides du vinaigre & du vitriol, étant bien lavé & séché, pesant cinq gros & demi, nous en avons soumis une partie à l'action de tous les acides, qui n'ont produit aucun effet sur ce précipité; il a toujours conservé la forme cristalline.

Neuvieme Expérience.

Bien convaincus que cette terre étoit vitrescible, nous y avons ajouté de l'alkali fixe, & nous l'avons mise dans un creuset, exposée au feu de verrerie; cette terre ne s'est point vitrifiée. L'autre partie a été exposée sans addition d'alkali fixe à un feu très-violent, jusqu'à la rougeur blanchâtre du creuset qui la contenoit: elle a paru tomber en efflorescence, sans rien perdre de sa forme; ce qui nous a donné lieu de croire qu'elle étoit séléniteuse ou gypseuse, étroitement unie à l'acide vitriolique. Ces cristaux brillans, dans le premier résidu de l'eau évaporée, nous avoient offert à leur premier aspect le sel de Sedlitz; mais cette derniere expérience nous a démontré le contraire.

Dixieme Expérience.

Nous avons mêlé cette terre avec du charbon & de l'alkali fixe ; mise dans un creuset & exposée pendant une heure & demie au feu de fusion, elle a produit, après le refroidissement du creuset, un résidu d'où s'exhaloit une odeur insupportable de foie de souffre. Etant refroidi, nous l'avons fait dissoudre dans l'eau distillée, il a pris une couleur de vert foncé ; en y versant ensuite de l'acide vitriolique, il s'y est fait une effervescence légere qui a encore augmenté l'odeur de foie de souffre : il résulte de cette derniere expérience que le résidu dont il s'agit est un véritable sel neutre, séléniteux ou gypseux, puisqu'il a produit du foie de souffre terreux & du tartre vitriolé.

Nous estimons, d'après ces expériences, que les principes dominans dans les eaux martiales de Boulogne, sont : 1°. une terre calcaire avec un peu de sélénite en dissolution, tant par le gaz, que par l'acide vitriolique, qui est le seul qui domine.

2°. Qu'elles contiennent de l'alkali marin, puisqu'elles nous ont donné deux tiers de grains de sel de Glauber par livre, & un peu de terre magnésienne.

3°. Qu'elles contiennent aussi par livre plus de trois quarts de grains de fer suspendu par le gaz aëriforme.

4°. Enfin qu'elles participent du savon par l'eau-mere fort chargée de parties extractives.

C'est en 1756, après ma premiere analyse simple, que je commençai à mettre en usage nos eaux pour les cas où je les croyois indiquées. Elles ont eu en général le plus grand succès dans les maladies qui reconnoissoient pour cause *le Gluten spontaneum* ou d'acquisition, les engorgemens & les obstructions des viscères du bas ventre, la suppression des regles ou autres dérangemens, le chlorosis, les vomissemens glaireux, les douleurs néphrétiques, sur-tout glaireuses, l'ictère, les œdématies ou infiltrations presque toujours occasionnées par le relâchement ou la diminution du ressort des fibres, principalement des premieres voies; le défaut d'élaboration des fluides, la langueur des fonctions.... d'où résultent la vicosité, l'épaississement, l'acrimonie de la lymphe, &c.

Cette eau transportée dans nos couvens des Annonciades & des Ursulines, y a produit de très-bons effets en différens temps sur un grand nombre de Religieuses, notamment à l'époque de la cessation de leurs menstrues & autres déréglemens des évacuations sexuelles. Plusieurs d'entr'elles qui avoient des vomissemens glaireux très-fréquens & très-opiniâtres, & qui rendoient non-seulement des humeurs glaireuses & bilieuses, mais généralement tout ce qu'elles prenoient, n'avoient obtenu aucun soulagement des remedes ordinaires les mieux indiqués : nos eaux, en atténuant & délayant non-seulement les humeurs visqueuses, mais encore en rétablissant le ton & le ressort des fibres, les ont guéries de ces incommodités, & d'une foule d'autres indispositions, qui communément en sont les compagnes.

Mme. de Ste. Ursule, Ursuline, & Mme. de St. Alexis, Annonciade, ainsi que plusieurs autres dames de Boulogne, qui étoient sujettes à un vomissement général, en ont été délivrées par l'usage simple de nos eaux : on commençoit par leur en faire prendre les matins à jeun, deux ou trois onces seulement. Ayant bien passé la premiere fois, on en augmentoit peu-à-peu la dose tous les jours, au point qu'au dix-huitieme ou au vingtieme elles en prenoient deux livres ou environ, en sept ou huit reprises tous les matins. Ces eaux qui passoient très-bien par les urines, & même un peu par les selles, arrêterent les vomissemens dès le premier, second ou troisieme jour. On avoit soin de ne leur permettre que des alimens fort légers, de facile digestion, en très-petite quantité & pris souvent.

Elles ont eu le même succès pour des soldats obstrués, œdémaciés, bouffis, jaunes, blafards, appauvris à la suite des fiévres intermittentes qu'ils avoient essuyées dans les garnisons voisines, & dont la plupart n'étoient pas encore quittes en entrant à l'hôpital de Boulogne. Après les y avoir traités & délivrés de leurs maladies, par les moyens que j'ai énoncés dans mes observations communiquées à la S. ci-devant R. de Médecine, je les envoyois à la fontaine minérale pour y prendre l'eau, qui, dans l'espace de douze à quinze jours, plus ou moins, les rétablissoient parfaitement, & les mettoient en état d'aller rejoindre leur Régiment, & d'y faire leur service en arrivant.

On remarquera que quand nos eaux passent par les urines & par les selles en même temps, elles remplissent complétement l'objet desiré. Quelquefois cependant passant par les urines, elles occasionnent la constipation : alors on ajoute à ces eaux, au commencement, au milieu, à la fin & même plus souvent, un sel neutre quelconque, à petite dose ; mais malgré ces dernieres précautions, leur succès n'est jamais aussi sûr ni aussi heureux, que lorsque les eaux seules procurent les deux évacuations en même temps.

J'ai dit qu'il paroissoit que personne n'en a fait l'analyse avant moi. En effet, le C. LIEUTAUD dans son Traité des médicamens, & les auteurs du Dictionnaire de Médecine, se contentent de les mettre dans la classe des autres eaux martiales froides du royaume. J'en avois fait autant dans mon premier mémoire sur les maladies de Boulogne, envoyé à la Société de Paris dès le commencement de son institution.

J'ajouterai ici six observations sur les effets reconnus de nos eaux.

Premiere Observation particuliere.

Le C. Guerlain des Sablons, négociant, résidant en cette ville, âgé de vingt-cinq ans, d'une constitution assez pituiteuse, éprouva vers la fin de l'année 1760 des coliques d'abord légeres, avec des vomissemens glaireux. Ces accidens qui, dans les premiers temps, cédoient facilement aux moyens simples ordinaires, se renouvelloient tous les mois, ou environ, allant en augmentant, au point que vers la fin de Février 1761, aux vomissemens des humeurs glaireuses devenues plus âcres, se joignit celui des matieres stercorales, espece de *cholera morbus* humide. La durée de ces accidens périodiques étoit de huit à neuf jours dans leur plus grande intensité : le malade traînoit dans leur intervalle une vie très-languissante, ayant de temps en temps des sentimens légers de coliques & des envies de vomir ; l'inappétence étoit absolue.

Le Cit. Astrue, consulté à la troisieme attaque de ce dernier caractere, lui prescrivit entre autres choses qui avoient déjà échoué, les eaux de Plombieres ; l'état moral ni physique du malade ne lui permettant pas de s'y transporter, je lui conseillai de prendre les nôtres, dont il commença l'usage le 26 Mai 1761, par un simple gobelet contenant six onces: il en prit deux le lendemain, & ainsi de suite, augmentant tous les jours d'un gobelet jusqu'au nombre de dix; mais s'en étant tenu à ce nombre pendant deux ou trois jours, & commençant à s'en bien trouver, il en continua l'usage jusqu'au nombre de trente-six verres; alors il diminua par la même gradation qu'il avoit augmenté. Ces eaux le purgeoient légérement & passoient très-bien par les urines, qui déposoient un sédiment glaireux considérable. Le C. Guerlain s'en étant trouvé on ne sauroit mieux, les reprit au mois de Septembre; & quoiqu'il ne lui restât aucun vestige des accidens dont il avoit été si cruellement tourmenté les années précédentes, il revint à leur usage chaque saison pendant deux années de suite. Il a joui & jouit encore depuis ce temps de la santé la plus parfaite.

Seconde Observation particuliere.

Pierre Legrand, du bourg de Samer, âgé de vingt-un ans, cuisinier chez les

Minimes, étoit ictérique & languissant depuis quatre mois ou environ, avec chaleur fébrile légere ; il vomissoit souvent des glaires avec les alimens qu'il avoit pris. Insensiblement tous les viscères du bas-ventre s'engorgerent au point que la rate, & sur-tout le grand lobe du foie, étoient durs & si volumineux, qu'ils excédoient de beaucoup le niveau de la peau, à ce qu'on observoit encore plus clairement par le tact & la sensation douloureuse que le malade y éprouvoit : les grandes extrêmités s'œdémacierent ; & de proche en proche le bas-ventre, la face & toute l'habitude du corps. A l'hydropisie anasarque se joignit l'ascite sensiblement distinguée. Legrand fatigué de la lenteur du succès des moyens curatifs employés pour combattre sa maladie, fut bientôt la proie des charlatans : leurs remedes le réduisirent dans un état si désespéré, que le R. P. Millot, correcteur, me pria de le faire entrer à l'hôpital, s'engageant de donner dix sols par jour jusqu'à ce qu'il y eût terminé sa carriere. Avant de me rendre à ses instances, je demandai pour ma satisfaction que Legrand fît usage de nos eaux martiales. On le conduisit en conséquence à la fontaine le 11 Juin 1775, mais avec beaucoup de peine, étant fort oppressé, à raison sur-tout de l'infiltration des poumons. Il y prit le premier jour deux gobelets ordinaires d'eau avec l'addition de deux gros de sel de Glauber dans chacun ; il en continua l'usage en augmentant tous les matins d'un gobelet jusqu'au nombre de dix, où il resta pendant deux jours, ainsi qu'à celui du douzieme ; ce qui étoit réglé par la maniere dont ces eaux opéroient. Il continua ensuite par l'augmentation toujours d'un gobelet, jusqu'au nombre de 22 ; à cette époque il diminua par la même gradation qu'il avoit augmenté, & finit avec la même dose de sel de Glauber qu'il avoit prise en commençant. Ces eaux lui tenoient le ventre libre & passoient très-abondamment par les urines, qui entraînoient & déposoient au fonds du vase un sédiment glaireux considérable. Elles avoient produit un si bon effet dès les cinq ou six premiers jours, que le malade s'y transportoit seul sans peine. Son état enfin s'améliorant de jour en jour, il fut presque entiérement délivré de sa maladie ; il lui restoit seulement une légere œdemacie aux pieds, qui tous les soirs montoit jusqu'aux mallioles. Il reprit les eaux de la même maniere au mois de Septembre suivant, ce qui le rétablit tout-à-fait; depuis ce temps Legrand a joui de la plus parfaite santé. Il reprit encore (par reconnoissance, disoit-il) les eaux l'année d'après, mais en moindre quantité, & pendant moins de temps. Il quitta les Minimes le 14 Juillet 1778, pour s'en aller à Rouen, où il entra dans la congrégation des freres des écoles chrétiennes.

Troisieme Observation particuliere.

Le citoyen Bazinghen, conseiller honoraire en la cour des monnoies de Paris, septuagénaire, d'une constitution plutôt bilieuse que sanguine, éprouvoit depuis plusieurs années des douleurs néphrétiques glaireuses plus ou moins considérables, dont les accès quoiqu'assez longs, se terminoient par les moyens simples ordinaires; mais il en essuyoit un, & quelquefois deux tous les ans, qui étoient si violens, qu'aux douleurs rénales se joignoient la strangurie, les vomissemens, la tension douloureuse du bas-ventre, sur-tout de la vessie, des régions iliaques, des aines & la fievre symptomatique à ces accidens.... Les lavemens émolliens, les embrocations sur toute l'étendue de l'abdomen, avec parties égales de baume tranquille & d'huile d'Hypericum, & par dessus l'application de la flanelle trempée dans une forte décoction de plantes émollientes & de graines de lin; & pour boisson l'infusion légere des feuilles de pariétaire, des fleurs de guimauve, & d'un nouet de graines de lin édulcorée, avec suffisante quantité de sirop de guimauve, les demi-bains domestiques également émolliens, mettoient fin à ces violens accès, dont la durée étoit communément de vingt-quatre, de trente-six, de quarante-huit heures. J'ai observé, mais rarement, que vers la fin des accès il passoit par les urines glaireuses un peu de sable rougeâtre graveleux.

Je conseillai au citoy. Bazinghen de prendre nos eaux martiales; y ayant consenti, il en commença l'usage le 5 Juin 1776, avec trois gros de sel de Glauber dans chacun des deux premiers gobelets, le premier jour seulement: il continua de les aller prendre à la fontaine tous les matins à jeûn, augmentant tous les jours d'un gobelet jusqu'au nombre de vingt-quatre plus ou moins, selon la maniere dont elles passoient, tant par les urines que par les selles. Le trente, il commença à diminuer le nombre des gobelets par la même gradation qu'il l'avoit augmenté ; ce qui le conduisit jusqu'au douze Juillet de la même année. Il s'en trouva si bien qu'il les reprit la saison suivante en Septembre, & qu'il a continué pendant plusieurs années dans les deux saisons. L'effet en a été si frappant que, depuis la premiere époque, il n'a plus éprouvé le moindre ressentiment de douleurs néphrétiques dont il avoit été si fortement & si souvent tourmenté.

En parlant du citoyen Bazinghen, nous remarquerons qu'il étoit aussi affligé d'une hydrocèle reconnue pour la premiere fois vers le milieu de Février 1768 ; je lui fis faire la ponction à la fin de la même année, dix mois après une seconde, & je fus obligé de la faire réitérer à-peu-près tous les ans jusqu'en 1775 : alors le citoyen Bonnet, maître en chirurgie, & chirurgien-major de notre hôpital, très-habile dans son art qu'il exerce avec distinction, me proposa d'injecter l'eau végéto-minérale simple dans le scrotum par la canule du trois quarts restante après la sortie de l'eau. Nous fîmes part de ce moyen à notre malade qui, devant faire incessamment un court voyage à Paris, jugea à propos d'en différer l'exécution jusqu'à son retour. Il en fit part au C. Sabattier, chirurgien-major de l'hôtel national des invalides, qui approuva ce procédé, mais observa que le vin rouge tiede & miélé lui paroissoit mériter la préférence sur l'eau végéto-minérale; ce que nous exécutâmes avec un si heureux succès, que le C. Bazinghen a été entiérement & radicalement guéri de son hydrocèle. Il en fut quitte pour une douleur très-vive qu'il éprouva pendant l'injection aux testicules, dans toute l'étendue du cordon des vaisseaux spermatiques, & de proche en proche dans le bas-ventre, qui devint très-douloureux & fort tendre, ainsi que les testicules & leurs cordons. Ces accidens furent calmés par les moyens ordinaires indiqués dans les engorgemens inflammatoires.

Nous avons depuis réitéré cette opération avec un égal succès, la premiere fois en 1781, sur un homme d'environ trente ans, & la seconde sur le Commandant du fort d'Ambleteuse.

Quatrieme Observation particuliere.

Pierre Senlis, joueur de violon, demeurant à Boulogne, fut attaqué d'une fievre intermittente, tantôt quotidienne, tantôt tierce, & souvent quarte, mais si opiniâtre qu'elle ne se termina que vers la fin de 1778. L'engorgement des viscères du bas-ventre, l'œdémacie des grandes extrêmités, l'hydropisie anazarque, l'ascite distinguée sensiblement, l'infiltration des poumons, indiquée par les suffocations qui survenoient aux moindres mouvemens que le malade étoit obligé de faire, un ressentiment fébrile en quarte de temps en temps, furent les suites de la fievre jusqu'à la fin de Mai 1780, qu'il fit usage de nos eaux de la même maniere précisément que Legrand, dont il a été parlé dans la seconde observation, avec cette différence seulement, que s'en trouvant notablement mieux dès les quatre ou cinq premiers jours, les eaux passant très-bien par les urines, & lui tenant aussi le ventre libre, il en prenoit une plus grande quantité; il en buvoit dix-huit à vingt livres dans l'espace d'environ trois heures: la seconde saison de la même année mit entiérement fin à ses maux. Senlis d'un caractere gai, continua encore à les prendre dans les deux saisons les deux années suivantes, autant pour empêcher, disoit-il, le retour des maladies dont nos eaux l'avoient délivré, que pour s'y égayer & amuser avec son violon les buveurs d'eau, ses compagnons.

Cinquieme Observation particuliere.

La citoyenne Pascal de Calais, âgée de cinquante-deux ans, mere de seize enfans, dont sept seulement existans, vigoureux, très-bien constitués & bien portans, se transporta avec beaucoup de peine dans notre ville, le 12 Août 1790, pour m'y consulter sur l'état de sa santé très-délabrée. Sa figure me présenta au premier aspect un teint blaffart, jaunâtre & légérement bouffi; après l'avoir examinée avec soin, j'observai que les visceres du bas-ventre étoient engorgés & obstrués, sur-tout le grand lobe du foie, sensible & douloureux au toucher, vomissant quelquefois plutôt des glaires que de la bile, une œdémacie légere aux extrêmités inférieures, des frissons irréguliers, des chaleurs fébriles, des oppressions aux moindres mouvemens, que j'estimai reconnoître l'infiltration des poumons; les urines étoient courtes, jaunâtres, sans sédiment: l'inappétence étoit presque absolue. Cette triste infortunée malade étoit à l'usage des pilules savoneuses, *ex Codice parisienni*, des bouillons altérans, des plantes savoneuses, de celui des sels neutres, &c. Elle continua seulement à prendre les mêmes pilules; & dès le lendemain de son arrivée ici, elle commença à boire, dans la maison qu'elle habitoit, deux pleins gobelets de notre eau martiale, avec l'addition d'un gros de sel de Sedlitz dans le premier verre. Le lendemain on la transporta à la fontaine même, où elle en prit trois gobelets, ainsi de suite, en augmentant toujours d'un jusqu'au sixieme jour. La malade eut la force de s'y rendre doucement à pied; elle continua cette marche pendant seize jours: au seizieme gobelet elle continua en en diminuant le nombre de la même maniere qu'elle l'avoit aumenté, ainsi que les pilules savoneuses

& le sel de Sedlitz, lorsque le passage des eaux languissoit par les selles & par les urines, qui entraînoient toujours beaucoup de sédiment fort glaireux.

La santé de la cit. Pascal commença à s'améliorer d'une maniere très-sensible dès les premiers jours de l'usage de nos eaux : elle partit d'ici le plutôt possible, parfaitement bien guérie & rétablie à tous les égards, pour aller rejoindre sa famille. Cette dame a joui & jouit encore, depuis cette époque, de la santé la plus parfaite.

Sixieme Observation particuliere.

Jean Butel, postillon, âgé d'environ quarante ans, étoit attaqué depuis dix ans de coliques plus ou moins aiguës & presque continuelles, vomissant tous les deux ou trois jours les alimens qu'il avoit pris, avec des paquets de glaires considérables & très-peu de bile; la constipation en étoit la suite. On avoit employé tous les moyens possibles les mieux indiqués, pour délivrer ou du moins soulager ce malheureux de la triste & cruelle situation où il étoit depuis si long-temps ; lesquels, loin d'en avoir rempli l'objet, avoient au contraire rapproché ces accidens qui avoient conservé la même intensité : les digestions avoient toujours été fort languissantes, & dans les derniers temps presque nulles, à tel point qu'il ne se trouvoit soulagé qu'après avoir vomi les alimens ingérés depuis deux ou trois jours, & la saburre glaireuse surabondante des premieres voies. Désespéré de ce que les moyens mis en usage jusqu'alors n'avoient opéré aucun soulagement, le Médecin qui le traitoit lui conseilla de prendre nos eaux martiales ; il commença le 20 Mai 1792, les prenant en beaucoup moindre quantité de verres & avec moins de précautions que ceux des observations précédentes, sans addition d'aucun sel ; il les continua pendant trois semaines de la même maniere : l'éloignement des vomissemens porté à six ou sept jours, étoit le mieux unique qu'elles lui avoient procuré.

Il les reprit, mais avec plus de soin & de précaution, dans les premiers jours de Juillet suivant : on ajouta dans un premier gobelet de cette eau, pendant deux jours seulement, un gros de sel de Sedlitz, qui lui procura quatre à cinq selles chaque fois. Ces mêmes évacuations, ainsi que l'abondance des urines charriant beaucoup de glaires, ont continué jusqu'à la fin sans sel ni autre chose. Il n'a jamais été au-delà de huit à neuf gobelets par jour; ce qui est en général la mesure des personnes qui font usage de nos eaux martiales. Le susdit Buttel, qui, depuis cette époque, se porte au mieux, les a continuées sans interruption jusqu'aux premiers jours d'Octobre suivant.

La population de Boulogne, fauxbourgs & banlieue est de douze mille ames, non compris les militaires ni les étrangers; & la longévité y est telle, qu'elle renferme 253 individus octogénaires; de ce nombre sont 31 nonagénaires, notamment les citoyens & citoyennes.

Chailly, bien portant, sans infirmité quelconque, âgé de 88 ans.
Péronne Gamelin, veuve Coilliot, 90 ans.
Dimbertun, 87
Montbrun, 86
Dumont fils, jardinier, 93
Ducot, menuisier à l'hôpital,

travaillant encore, 89 ans.
Marie Lambert, veuve Mascot, 91
P. Lamarre, casseur de pierres, 89
P. Bié, charpentier, 91
Veuve Delporte, 88
C. Habart, 86
Antoine Dufaitel, 86
Veuve Dufour, 86
Péronne, 90
Nicolas Oyez., 86
Antoine Sauvage, 85
Antoine Haigneré, 86
Dufour, 85
P. S. George, 87
Adrien Merlier, 86
Gose, 85
Lamoninari, 86
La veuve Honeté, 91
Jeanne Ayenne, 86
La veuve Pâris, 86
Louise Levasseur, 87
C. Thueux, 84
Charpentier, 85
J. Marsan, 85

Ils sont presque tous sans infirmités, exerçant leur profession.

Centenaires morts dans la ville, fauxbourgs & banlieue.

Bernard Ledru, couvreur, mort à cent six ans. Il travailloit encore à cent quatre ans sur les toits du Séminaire; mais son chien, dressé à lui porter son déjeûner, étant tombé du haut de l'échelle se tua. Ledru, fort sensible à cet accident, renonça à son métier dans la crainte d'éprouver le même sort.

Jeanne Pilete, morte à	102 ans.	
Marlette à	102	3 mois.
P. Jutelet, matelot, à	108	
Dumont Jardinier, à	104	
La veuve Lefebvre, à	100	2 mois.
La veuve Lecointre, à	101	
P. Beaumont, à	103	
J. Trudin, à	102	1 mois.
La veuve Dordre, à	100	3 mois.
Dublaisel (d'Alinctun) son frere, à	98	
Disque (d'Ordre) leur cousine-germaine, à	101	6 mois.
La veuve Disque, leur cousine, par une chûte du haut de son escalier, à	95	

S. Louchet, tonnelier, à	100 ans	
Charles Coroy, à	100	
Jean Caron, à	103	6 mois.
Suzanne Caron, à	100	2 mois.
La ve. Delpierre-Dubois,	101	
Jacques Douchet, à	100	
La veuve Delhaye, à	100	& plus.
J. J. Dachicourt, à	100	
Jacques Trudin, à	102	6 ſemain.
F. Henri Marin, à	101	
Pierre Tueux, à	102	
N. Pile, à l'hôpital, à	102	6 mois.
La veuve Paulet, à	103	
Jeanne Ligny, âgée de	100	
Milady Cliſton a réſidé pendant trente ans à Boulogne, où elle mourut âgée de	106	
Marg. Angois, veuve Laboucherie, ſans infirmité quelconque âgée de	101	
Veuve Friſcourt,	102	
Veuve Greſſier,	99	
Marg. dite Dupourpier, Veuve Lignier,	112	
Jean Podevin,	105	

Centenaires

Centenaires vivans dans notre ville.

La veuve Guillot, âgée d'environ 100 ans.
Pierre Lamarre, âgé de 100
François Lamarre, âgé de 99
La veuve Painer, âgée de 100
La C. Honorand, âgée de 96
Dosseville, matelot, âgé de 100
Marie-Françoise Oudart, 95

Centenaires morts & vivans dans quelques paroisses de nos environs.

Colembercq.

La fille Nicole y est morte âgée de cent six ans : elle étoit restée estropiée du bras gauche à la suite du rachitis qu'elle avoit essuyée dans sa plus tendre jeunesse. Les dents conservées belles & très-bonnes jusqu'à sa fin, lui tenoient lieu souvent du bras paralysé : tirant de l'eau d'un puits très-profond, elle retenoit la corde avec les dents pour la reprendre avec la main droite, &c. &c. Le pain & le lait ont toujours été son unique nourriture.

Alinctun.

Françoise Delattre, veuve d'Henri Lotte, morte à cent seize ans, quatre mois.

Zoteux.

Pagaen, mort à cent trois ans.

Selles.

Noel, mort à cent quatre ans.

Elinghen.

La veuve Cavalier, morte à cent treize ans, alloit encore chercher du bois à un quart de lieue à l'âge de 112 ans.

Tubeauville.

La veuve Legrand, morte à 104 ans.

Pernes.

Dumont, jardinier, mort à 104 ans.

Doudeauville.

Marie-Louiſe-Adrienne Cornu, morte à 98 ans.

Beſinghen.

Boulogne, mort à 99 ans ſix mois.

Parenty.

Marie-Suſanne Dewoye, veuve d'Etienne Pique, morte à 96 ans.

Portel.

Pierre Coupin, marin, dit Bizalier, mort à cent ans: ſa famille nombreuſe eſt laborieuſe & vivace; ſon grand-pere eſt mort à 84 ans.

Jean Baheux, marin, âgé de 93 ans, va encore à la pêche.

Desvres.

Claude Anglois, âgé de 93 ans.

Tingry.

Antoine Lequeutre, âgé de 98 ans, travaille encore.

Estaples.

Cabrix, cordonnier, âgé de 92 ans, travaille encore à son métier.

Courset.

Ant. Maréchal, âgé de 101 ans.
Claude Trichet, 91
Jacques Greffier, 96
Antoine Brachet, 97
Tous quatre travaillant encore de leur état d'agriculteur.
Marie Blancagnier, âgée de 91 ans.

Carly.

Jacques Fermier de Lannoy, 92 ans.
La veuve Bonaire, 106
Jean Parques, 92

Baincthun, paroisse d'Echinghen.

Le Cointre, âgé de 102 ans.

Hupelandres.

Jean-Jacques Marc, âgé de 85
Va encore à pied à Boulogne & plus souvent à la Cocherie.

Samer.

Claude Sens, travaillant encore, âgé de 95 ans.

Ma Sœurette, vivant & agissant encore, âgée de 97 ans.
Françoise Lasalle, veuve Chatelain, âgée de 97

Doudeauville.

François Eurin, âgé de 86

Mont-Lambert.

La veuve Godefroy, âgée de 98 ans.
Fournier, âgé de 92

Tous deux travaillant encore de leur métier.

La durée moyenne de la vie des hommes dans le District de Boulogne, est estimée à trente-sept ans & deux mois.

Voilà le tableau des Centenaires morts & vivans, dont jusqu'à présent j'ai pu me procurer la connoissance : je pense qu'il y en a encore plusieurs qui ont échappé à mes recherches.

Les octogénaires, nonagénaires & centenaires sont presque tous de la classe indigente, & se trouvent plutôt parmi les femmes que parmi les hommes. Sur le nombre de trente octogénaires qui sont à l'hôpital, il y a onze nonagénaires. De là on peut juger du nombre immense des sexagénaires & septuagénaires qui existent à Boulogne, & dans toute l'étendue du District.

BAINS DE MER.

L'Etablissement des Bains de mer froids ou chauds à volonté, au degré de chaleur désirée, que le citoyen Cléry a fait construire au port de Boulogne-sur mer, sont placés sur le quai du petit Paradis. Cette position est fort avantageuse pour s'y transporter en tout temps, soit à pied, soit en voiture. Cet édifice offre une façade ou enceinte de cent cinq pieds de longueur, fermée d'une belle grille de fer, soutenue par un bel obélisque & deux colonnes de marbre de stinkale, du pays : elle renferme une terrasse avec un parterre placé sur la troisieme & derniere voûte desdits bains, où les baigneurs peuvent se promener. Ces bains sont composés de trois voûtes principales, l'une sur l'autre, toutes bien éclairées. La retenue de l'eau de mer dans les réservoirs est d'environ neuf mille pieds cubes : cette eau toujours renouvellée est de la plus grande limpidité.

Il y a sous la voûte du rez-de-chaussée des baignoires d'une seule piece, polies comme le marbre qui en recouvre les bords.

Sous la seconde voûte sont d'autres baignoires mobiles & suspendues, dans lesquelles on peut joindre au plaisir de se baigner celui de se balancer, par le mouvement qu'on imprime à la baignoire. Il s'y trouve aussi un grand bassin dans lequel plusieurs personnes du même sexe peuvent se baigner ensemble, & prendre des douches chaudes ou froides.

On y trouve des appartemens meublés à louer, réunis au bain; leur situation, dans un beau temps sur-tout, lorsque la mer est pleine, offre un coup-d'œil fort agréable, & la perspective du port de la rade, &c.

Ces bains, les seuls de ce genre en France, font l'admiration des connoisseurs. Ils offrent les plus grands avantages pour le bien de l'humanité souffrante, étant prescrits & dirigés par les médecins qui en réglent les degrés de chaleur, le temps & de quelle maniere on doit les prendre.

Ces bains sont en général parfaitement bien indiqués pour les personnes d'une nervure lâche, foible, éréthisée, d'où résultent le désordre & la langueur des facultés & des fonctions morales & physiques. Telles sur-tout que celles des digestions, sécrétions & excrétions; ce qui occasionne une foule d'incommodités de tous les genres qui dégénerent souvent en maladies de langueur plus ou moins graves, lorsqu'on néglige les moyens de les prévenir.

Les bains froids ou à un léger degré de chaleur, les douches sur la tête, rasée autant qu'on le peut, & même cette eau prise en boisson, remplissant le double objet de tonique & de purgatif, nous paroissent être les moyens curatifs les plus indiqués.

Mais lorsqu'au rétablissement ou à l'éréthisme se joignent la sensibilité & l'agacement du systême nerveux, il faut mettre le malade à l'usage des bains plus ou moins chauds, en raison du désordre des fibres & de la nature des complications qui en sont presque toujours inséparables.

Pour remplir cet objet avec prudence, on doit commencer par le sixieme degré de chaleur au thermometre de Réaumur, dans la vue seulement d'émousser la pointe du froid de l'eau: on l'augmente ensuite graduellement jusqu'au vingt-cinquieme;

ce qui est à-peu-près celui de l'homme en santé. Il se présente cependant des occasions quoique très-rares, qui obligent de porter au-delà du vingt-cinquieme : c'est au surplus l'état du malade qui doit être la boussole du Médecin, pour le décider à prescrire les bains froids ou chauds, ces derniers sur-tout au degré de chaleur indiqué.

Mais il est essentiel que les Médecins s'instruisent avec une exactitude scrupuleuse des causes physiques, morales & héréditaires des maladies confiées à leurs soins, tant pour juger de la nécessité & de la maniere de prendre les bains, que pour indiquer les précautions qui doivent en préparer l'usage.

Il faut aussi observer avec soin la dissipation, l'exercice modéré, la gaieté & un régime convenable. L'eau de mer extérieurement & intérieurement est impérieusement ordonnée & très-recommandable ; on peut même assurer qu'elle offre de plus grandes ressources curatives & palliatives que n'en présentent ensemble toutes les autres parties de la médecine, principalement pour les affections nerveuses & celles de l'ame, d'où résultent une foule d'autres maladies dont je me dispense de faire la nomenclature & le tableau. On en voit aussi de très-bons effets pour les douleurs rhumatismales, arthritiques, gouteuses & autres, dont les humeurs exercent ordinairement leur action sur les membranes, les aponeuroses & les articulations pour les enfans foibles, rachitisés, obstrués dans les maladies cutanées, l'aridité de la peau souvent brûlante, dans les deux sexes, de tout âge, & enfin dans une infinité de maladies qui reconnoissent pour cause la foiblesse, le relâchement & la perte du ressort des organes ou leur forte tension, qui donne lieu aux troubles, au désordre, & à la langueur des fonctions & des facultés morales & physiques.

La connoissance que nous avons de la série assez considérable des cures opérées par l'usage des bains & boisson d'eau de mer pour les cas cités, justifie parfaitement leur efficacité déjà reconnue par les Médecins, tant anciens que modernes.

L'immortel Hippocrate, pere de la médecine, l'a tellement observée & démontrée, qu'à son exemple les Médecins Grecs & Romains en ont fait une médecine presque universelle, pendant sept ou huit cents ans. L'illustre Boerhave, son célebre commentateur *Vanswieten*, *Sydenham*, le docteur *Littlesome*, *Maquer*, & une foule d'autres savans Médecins de tous les siecles, les ont préconisés & employés avec les plus grands succès.

Ces bains sont ordinairement ouverts tous les ans le 15 Avril & fermés le 15 Octobre.

Les prix varient à raison du plus ou moins de commodités demandées, & de la qualité des baignoires. Les unes sont à 30 sols, les autres à trois livres; le maximum est de six livres. Il faut observer qu'en s'abonnant pour trois semaines, un mois, & à plus forte raison pour la saison entiere, on ne paye que la moitié des prix ci-dessus.

L'expérience constante d'environ 37 ans m'a parfaitement convaincu, que l'eau de mer prise intérieurement dans les cas indiqués, à la dose de deux, trois & souvent quatre gobelets ordinaires, sur-tout en prenant les bains, est un des meilleurs, des plus doux purgatifs & toniques que je connoisse. J'estime que la qualité de cette eau, qui pese un huitieme de plus que l'eau douce commune, eſt due à la préſence de l'acide marin ou de ſon ſel combiné avec le phlogiſtique animal. Ces deux principes ſont ſi intimément corporifiés avec l'eau de mer, qu'on pourroit même dire qu'ils en ſont conſtituans. De là on eſt aſſuré qu'on ne parviendra jamais à les en dépouiller avec aſſez d'exactitude, ſur-tout du phlogiſtique, pour rendre cette eau potable, ni par conſéquent la mettre à l'uniſſon pondérique avec l'eau ordinaire.

CASERNES.

Le corps des caſernes de la ville de Boulogne-ſur-mer eſt ſitué ſur le rivage, où l'on a formé un quai à l'oueſt des bâtimens de l'étendue de quatre-vingt pieds de largeur, dont l'une des deux extrêmités eſt au nord, & l'autre au ſud. Cet emplacement offre un double objet d'utilité, tant pour le commerce que pour les exercices militaires.

Il y a une cave dans toute l'étendue du deſſous des caſernes, conſtruite d'une forme moderne, les cintres en anſe de panier en ſont très-hardis. On y deſcend par quatre escaliers placés dans les angles, très-commodes pour le service des négocians. On a pratiqué à la descente de chaque escalier un treuil d'une nouvelle invention, dans lequel il peut descendre deux hommes conduisant ensemble chacun une barrique de cent veltes (*a*), sans être exposés à aucun danger. Ces caves sont destinées au dépôt du genievre, qui forme une des principales branches du commerce de notre ville avec les Anglais. Le corps des casernes est élevé de deux étages au-dessus du rez-de-chaussée : son plan forme un paralélograme portant vingt-deux toises de largeur sur trente-neuf de longueur. La cour principale sert seulement au commerce. A l'extrêmité méridionale de ce bâtiment, dans une cour particuliere, sont placées les latrines pour les soldats & sous-officiers, sur un aquéduc où la mer, entrant & sortant à chaque marée, entraîne avec elle toutes les matieres. Ce bâtiment offre dans sa totalité quatre-vingt-six chambres à feu, de seize jusqu'à vingt-huit pieds de longueur sur

(*a*) La velte contient quatre pots & demi de liqueur ; ce qui fait 17 livres.

feize à vingt de largeur ; elles contiennent chacune depuis fix jufqu'à dix lits. On y monte par cinq efcaliers à doubles branches, dont quatre aux angles & un dans le centre du bâtiment, formant un veftibule pour l'entrée du corps de garde qui s'y trouve placé. Il y a encore deux falles de difcipline pour les foldats & fous-officiers placées dans chacun des bâtimens. On y a auffi conftruit feize cabinets de feize pieds de longueur fur neuf de largeur, fans cheminées, deftinés à loger les fergens-majors, & enfin une forge pour l'armurier. On peut loger deux bataillons dans ces cafernes, dont les greniers, qui font très-beaux, fervent de magafin pour les farines, les lits, & effets à l'ufage des troupes.

Ce bâtiment, conftruit aux frais de l'ancienne adminiftration du Boulonnois, fur les deffins & la conduite du citoyen Girault Sannier, eft un des plus beaux, des plus folides & des plus falubres à tous les égards poffibles qu'on connoiffe, tant par fa conftruction & fa pofition, que par l'excellence de l'eau que fournit à la troupe & aux citoyens la fontaine dite ci-devant des capucins, fituée fur une petite terraffe à trente toifes dudit bâtiment. Cette fontaine, faite en 1790, a un réservoir contenant sept cents trente pieds cubes d'eau, qui proviennent de la surabondance de la fontaine de la Maison commune.

HOPITAL.

L'Hôpital civil & militaire de Boulogne, géré par les sœurs de la charité, est situé au N. 5 à une des extrémités de cette ville. Il a été fondé pour les pauvres en 1702 par les ducs d'Aumont, alors gouverneurs du Boulonnois. La façade donnant sur la rue, est de trois cents soixante pieds, en y comprenant les bâtimens des écoles. Une grande & belle porte, placée au milieu de cette façade, forme l'entrée d'une vaste cour de deux cents vingt-cinq pieds de largeur sur cent quatre-vingt-huit pieds de profondeur, entourée de quatre bâtimens, chacun d'environ cent quatre-vingt-dix pieds d'étendue. L'église, qui répond par sa beauté & sa grandeur au reste de la maison, fait face à la porte d'entrée. Ces bâtimens solidement bâtis, très-bien distribués, fort élevés & bien entretenus, sont couverts d'ardoises. Ceux qui sont placés au sud, au nord & à l'ouest, servent aux assemblées des Administrateurs, au logement du chapelain, des sœurs au nombre de quinze, des pauvres, dont la quantité est ordinairement de deux cents & souvent au-delà, aux différens offices & atteliers, aux écoles intérieures & extérieures, à la cuisine, à la lingerie, à la pharmacie. Il y a une fontaine assez belle, bâtie en pierres de taille, placée vers le milieu de la cour, qui fournit de très-bonne eau, conduite par des tuyaux de plomb, de là elle tombe dans un bassin de pierres de taille de moyenne grandeur. Différens autres tuyaux de même métal, fournissent de l'eau à l'apothicairerie, à la cuisine, à la buanderie, à la boulangerie & au grand bassin de la lavanderie. A droite se trouve placée une très-belle citerne qui contient cent cinquante gonnes ou moyennes barriques d'eau; elle longe le bâtiment de la première salle des malades depuis la cuisine jusqu'au bas de l'escalier du perron, qui conduit à la chapelle des salles.

On peut en puiser l'eau par deux

endroits différens ; ce qui est d'une ressource inexprimable pour tout, mais principalement dans les cas d'incendie, non-seulement des bâtimens de la maison, mais même de ceux de tout ce quartier de la ville.

Il y a de très-belles caves solidement voûtées, presque sous tous les édifices, qui consistent dans un rez-de-chaussée, un premier étage, & au-dessus des greniers superbes, fort élevés & bien éclairés ; les bâtimens de l'est sont destinés à recevoir les soldats & les pauvres malades. On les divise en deux salles séparées par un emplacement de vingt-quatre pieds quarrés, où est la chapelle, qui met les malades des deux salles à portée d'entendre la messe : cet endroit sert aussi de vestibule aux deux salles. Celle de la droite, en entrant par le vestibule, a soixante-douze pieds de longueur sur vingt-quatre de largeur, & dix-huit de hauteur. Elle est éclairée du côté de l'est par sept croisées de sept pieds de hauteur sur trois & demi de largeur, & celui de l'ouest par six de la même grandeur ; à l'extrêmité de cette salle est une grande cheminée. Du côté de l'ouest est une porte, par laquelle on communique à la cuisine ; ce qui est très-utile pour le service des malades. La salle à gauche du vestibule est également la même à tous égards. A la gauche de la cheminée est une porte qui s'ouvre sur un petit vestibule, placé vers le milieu d'un escalier, dont la partie de la droite conduit dans tous les appartemens du premier étage, appuyés au corps des bâtimens de l'église ; & par l'autre partie de cet escalier à gauche, on descend vers le milieu d'une grande allée, pour se rendre à la cour & derriere aux bâtimens du côté du nord. Sous les deux grandes salles est une cave de la même étendue, bien bâtie & voûtée à l'élévation de huit pieds au-dessus du rez-de-chaussée, & autant de profondeur. On monte à un beau perron par un double escalier, pour se rendre au vestibule des deux salles, au-dessus desquelles est un grenier superbe, précisément de leur même grandeur, qui pourroit contenir le même nombre de malades que les deux salles ; il sert à présent de magasin au bled. Il est éclairé par huit mansardes de chaque côté, chacune de cinq pieds de hauteur, & de trois & demi de largeur. Il y en a encore deux de pareille, dimenſion à chaque extrêmité, au nord & au ſud. La grandeur de la cave eſt auſſi préciſément la même que celle des ſalles; elle eſt éclairée à l'eſt par dix-huit fenêtres de deux pieds quatre pouces quarrés d'ouverture, vitrées & grillées; & par trois à l'oueſt, faiſant face à la cour, à deux pieds du rez-de-chauſſée. La porte d'entrée auſſi à l'oueſt, ſous le perron, eſt de ſix pieds dix pouces de largeur, ſur ſept pieds quatre pouces de hauteur. C'eſt dans cette cave que ſont placés la boulangerie & ſes dépendances, la buanderie, où l'eau eſt conduite à volonté par de grands tuyaux de plomb dans de vaſtes chaudieres, les magaſins de bois, de charbon, &c.

A l'oueſt, derriere les bâtimens de la gauche, liés & paralleles à tous les autres, ſont les loges pour les fous. Il y a auſſi pluſieurs autres bâtimens, où l'on ſe tranſporte par un pont pratiqué ſur ledit ruiſſeau, près du moulin de l'hôpital, à gauche du pont. On entre enſuite dans une cour de cinquante-cinq pieds de profondeur, ſur quarante de largeur. En face & au fonds de laquelle eſt une ſalle de ſoixante-treize pieds de longueur ſur dix-huit de largeur, où on place les femmes malades, les infirmes & les enfans; & une chambre au fonds de la cour à droite, de treize pieds de longueur & de douze & demi de largeur, elle est destinée pour ceux qui ont des maladies particulieres ou contagieuses. Il y a au-dessus de tous ces appartemens des greniers, où on réserve des grains & des fourrages. Toutes les salles & chambres ont des cheminées, des armoires, & autres choses nécessaires pour le traitement des malades. Il y a deux jardins, l'un de deux cents soixante-neuf pieds sur deux cents soixante; l'autre de cent cinquante pieds sur cent vingt-quatre.

On conçoit aisément le degré de salubrité de notre hôpital, par le tableau que je viens d'en faire; on y pourroit placer cinq cents malades dans des cas de nécessité.

HAUT-BOULONNOIS.

LES terres végétatives du Haut-Boulonnois sont remplies de cailloux ou pierres à feu. On observe ensuite des couches de glaise, de craie, de marne blanche & une carriere de grès en gros blocs, fort près les uns des autres, depuis le hameau du Brœuil, sur la paroisse de Samer, jusqu'à Estaples, passant par Lacres, Hubersent, Cormont & Longvilliers, parcourant cet espace presque en ligne droite, sur environ une demi-lieue de largeur. Cette sorte de pierre ou grès est de bonne qualité, très-dure, difficile à rompre, d'abord en gros quartiers, ensuite pour les pavés & constructions: mais quoique fort bonne d'ailleurs, elle ne se lie ou ne se prend qu'avec peine avec le mortier. La chaux manquant dans le Haut, faute de pierres propres à la faire, on est obligé de l'aller chercher dans le Bas-Boulonnois.

Il y a aussi au village d'Atin, sous Montreuil, des graviers employés pour les grandes routes. On trouve encore entre Neuville & la Chartreuse, ainsi que sur le chemin qui conduit de Neuville à Hucquéliers, des carrieres de crayon employé aux constructions, principalement de Montreuil & de ses environs.

On travaille aisément cette pierre, qui résiste très-bien à la gelée, après avoir passé l'hiver à l'air libre avant d'être mise en œuvre.

On a découvert en 1776, à l'époque de la construction du pont d'Atin, des vestiges de l'ancienne chaussée Brunehaut, ayant sept pieds d'épaisseur, & construite par trois couches de différentes matieres; & dans les mêmes fouilles, à huit pieds de profondeur, un saule entier renversé, non pétrifié ni déformé.

Les terres végétatives du Haut-Boulonnois sont très-fertiles en grains de toute espece, mais sur-tout en bled.

Il y a des jardins & des vergers d'une grande étendue dans presque toutes les fermes & les maisons particulieres, qui fournissent aux habitans beaucoup de fruits, principalement des pommes & des poires: car outre la bierre très-bonne qu'ils brassent, dont ils font une partie de leur boisson, ils font aussi du bon cidre avec les poires & les pommes qui y sont propres; ils mangent au surplus les autres fruits cuits ou crus.

Les Montreuillois & leurs autres voisins vont prendre chez eux du cidre & de la bierre en barriques, & même souvent du fruit en nature, & les choses nécessaires pour y faire quelquefois leur cidre & leur bierre. Les fruits à noyau y sont fort abondans.

Ils employent une ſorte de prune ſauvage pour faire une boiſſon fermentée à l'inſtar du vin. On peut tirer de cette liqueur, par la diſtillation, un eſprit ardent très-bon. Ils ont auſſi une autre eſpece de prune, de moyenne groſſeur, dont ils font des gelées & marmelades, connues ſous le nom de prunée. Ils font enfin uſage d'une boiſſon domeſtique, fort commune dans tout le Boulonnois, nommée vulgairement bouillie, faite avec le ſon bien lavé, le houblon & le miel, & la quantité d'eau qu'ils jugent y être néceſſaire. On fait bouillir le tout dans de grandes chaudieres juſqu'au degré de coction ſuffiſante: on ajoute à la colature de cette liqueur lorſqu'elle eſt paſſée, le levain de froment qu'on y délaye; on la verſe enſuite dans des barriques qu'on a ſoin de laiſſer débouchées pluſieurs jours juſqu'à la fin de la plus grande fermentation.

Il arrive ſouvent dans les plus grandes ſéchereſſes, qu'une partie du Haut-Boulonnois eſt privée d'eau, à tel point que, malgré les mares qu'on y pratique pour s'en procurer, les habitans, ſur-tout ceux qui ſont éloignés de la petite riviere qui en traverse une partie, sont forcés d'en aller prendre à cinq quarts de lieue ou environ, & de conduire leurs bestiaux pour les abreuver dans la vallée au bas de la montagne ou côté qui sépare le Haut du Bas-Boulonnois. On y éleve beaucoup de moutons, qui sont en général très-bons & fort estimés : la raison en est évidemment claire, on sait que ces especes de bestiaux se plaisent aux endroits secs, montagneux, &c. Le gibier de toute espece y est excellent. Les chevaux sont vigoureux & d'une bonne qualité : comme les pâturages y sont plus rares que dans le Bas-Boulonnois, la plupart des fermiers & propriétaires ne font des éleves que pour leurs travaux. Les vaches y sont aussi très-bonnes, elles paissent dans les vallées, dans les fonds & les regains des prés, après en avoir tiré la premiere dépouille. Les bois, quoiqu'il n'y ait point de forêts Nationales dans cette partie du Boulonnois, y sont très-abondans : presque tous les propriétaires y ont des plants considérables autour de leurs habitations, en ormes, frênes, charmes, hêtres & en blancs bois de toutes les especes, soignés & entretenus avec la plus grande exactitude, tandis que les forêts considérables de la Nation dans la Bas-Boulonnois sont à tous les égards dans le plus grand désordre. La bonne qualité de l'air, celle des alimens, de l'eau & la situation de cette partie de notre District, présentent des avantages si frappans, que ceux qui l'habitent sont en général forts, vigoureux & vivaces, d'une constitution seche, d'un tempérament plutôt sanguin que bilieux, d'un caractere assez gai, laborieux, actifs & vigilans. Les maladies qu'ils éprouvent sont presque toutes de la classe des inflammatoires : leur maniere de vivre en tout genre, leurs alimens, leurs boissons, sur-tout celles qui sont acidules, anti-sceptiques ou anti-putrides, & dont ils font un grand usage, principalement pendant les chaleurs de l'été, les garantissent des fievres putrides qui y sont fort rares. Aussi n'y a-t-il pas eu dans cette partie de notre District, au moins à ma connoissance, de maladies épidémiques putrides depuis trente-sept ans que je réside à Boulogne ; il n'y existe pas non plus de maladies endémiques.

Bas-Boulonnois.

BAS-BOULONNOIS.

DANS le Bas-Boulonnois on rencontre, après la terre végétative, presque par-tout des couches d'argile, de la glaise & de la marne, plus souvent bleue que grise & blanche, & du sable quelquefois rouge, dont on se sert pour plafonner. Le plus commun est de couleur ordinaire, toujours marin, même celui qu'on tire des hauteurs assez considérables & éloignées de la mer.

Il existe peu de pays où les pierres soient aussi bonnes & aussi propres que dans celui-ci, tant pour les maisons ordinaires, les châteaux, les ornemens publics & particuliers, que pour les fortifications, les pavés & la chaux.

La pierre tufeuse de nos côtes, n'est bonne qu'à faire les fondations de nos grands édifices. On trouve aussi quelquefois des pierres plates entre la dure & la tufeuse; elles sont fort unies, ayant deux pouces d'épaisseur ou environ : on en fait usage principalement pour paver les caves, les cuisines & les lavanderies.

Il y a deux especes de pierres dures ; la plus commune est celle qu'on employe pour bâtir & pour paver. L'autre espece de pierre, nommée de Ningle, se trouve dans différentes carrieres, notamment dans celles qui sont situées entre le Portel & Neufchatel : cette pierre très-facile à tailler, est d'un beau blanc & d'un gros grain. Celles de Marquise & de la côte ou falaise d'Honvault & de ses environs, le sont aussi, mais n'ont pas la même blancheur, & résistent à la gelée.

On trouve dans les paroisses d'Hidrequent, de Ferques, Landrethun-le-nord, des carrieres d'une sorte de marbre, qui, n'étant pas propre à être poli, se taille au ciseau ou à la pointe. Il est employé pour les grands ouvrages, tels que pour les fortifications & les édifices importans ; les fontaines de Boulogne en sont construites. On en exporte aussi à Calais, à Dunkerque & à St. Omer une grande quantité pour les mêmes ouvrages.

Les plus fortes carrieres d'un marbre blanc mêlé d'un brun jaunâtre, qui se polit au parfait, sont celles de Ferques & de Landrethun ; mais principalement des communes de ces deux paroisses. On en fait des meubles fort propres pour les maisons & les églises, ainsi que des carreaux pour les pavés : on l'emploie aussi aux édifices sans le polir.

Le marbre d'Elinghen, qui se polit aussi parfaitement bien, est d'un beau blanc émaillé de vaines rouges. On en fait de beaux meubles, tels que des tables, des cheminées, des devants d'autels & autres ornemens. Celui qu'on trouve quelquefois aux carrieres de Réty & de Fiennes, est ordinairement employé pour les bâtimens de Boulogne & de ses environs.

La paroisse de Leulinghen fournit deux carrieres, l'une de marbre blanc, fort tendre & facile à polir : on extrait de l'autre, placée sur la grande route de Calais, à un quart de lieue de Marquise, des pierres plus dures encore que celles du Mont-Lambert ; elles sont de la premiere qualité pour bâtir & pour paver.

Pour la solidité, la salubrité & la diminution considérable de l'entretien de la riviere de Marquise à Selack jusqu'à la mer, il faudroit qu'on plantât deux rangées de saules & bois de Hollande, à six ou sept pieds de distance l'une de l'autre, & des oyas sur les dunes & le long d'icelles, principalement depuis le hameau de Selack jusqu'à la mer.

Le milieu du rideau ou élévation qu'on trouve au bord de la Canche, offre de la craie solide, & toute l'étendue de son sommet jusqu'à Montreuil, offre aussi sous son gazon de l'argile bleue, grise & noire ; c'est la meilleure qu'il y ait dans notre pays : ces diverses especes d'argiles y forment autant de couches différentes. On y trouve également des blocs de grès & des morceaux de mine de fer sableux épars çà & là.

La Canche, déjà navigable depuis Arras, & même quatre à cinq lieues au-delà, jusqu'à Montreuil, le seroit bien davantage si on y joignoit les eaux de la Scarpe qui passe à Arras ; la montagne qui se trouve entre Arras & Avesne, peu considérable & facile à ouvrir, seroit la plus grande difficulté qui s'opposeroit à l'exécution du projet.

Les moulins établis derriere les fortifications de Montreuil, barrent la riviere & gênent son cours. On peut facilement, en levant cet obstacle, la rendre navigable jusqu'à la baie d'Etaples ; il s'agit simplement de la curer, redresser, élargir & approfondir dans certains endroits : la tourbe qu'on y trouveroit dédommageroit de la dépense que cet ouvrage nécessiteroit. Celle qu'il faudroit faire pour rendre cette riviere navigable jusqu'à Etaples, ne sauroit être comparée aux grands avantages d'utilité & de richesses, sous tous les rapports, que cette opération présente, & pour le District & le Département, & même pour la République entiere, par le dessèchement & l'amélioration de l'étendue immense des prairies & d'autres terreins qui s'y trouvent.

Il faudroit aussi qu'on plantât des saules, bois de Hollande & oyas, comme nous l'avons dit plus haut au sujet de la riviere de Marquise.

Le terrein de Montreuil à Samer est en général crayonneux & un peu ferrugineux, de même que le rideau ou ligne de démarcation du Haut & Bas-Boulonnois. Ce rideau est remarquable, en ce qu'il décrit un grand demi-cercle autour de cette derniere partie, & qui se termine, en se divisant en plusieurs branches, au cap Blanez. Dès qu'on est descendu de ce rideau crayonneux dans le Bas-Boulonnois, au lieu de craie on trouve une sorte de pierre calcaire grise ou blanche, en bancs ou couches plus ou moins considérables, dont les irrégularités du terrein sont la mesure de l'inclinaison ou de la direction. On y remarque des parties coquillieres, des coquilles entieres, du spath pur, du silex en petite quantité, & le tout plus ou moins ferrugineux.

Le cordon toujours crayonneux finit à la largeur de deux cents toises au cap Blanez, qui est le point de nos côtes le plus près de celles de l'Angleterre. On trouve à la Crêche la meilleure pierre calcaire, & la plus estimée pour la bâtisse & le pavé; elle est la plus dure: on y observe des facettes spathiques.

Les pierres dont on fait la meilleure chaux, sont d'un gris cendré, & d'une pâte plus fine que les autres. Il y a dans la paroisse de Wimille une bonne argile grasse, dont les potiers font d'assez bonnes poteries; on s'en sert aussi pour les plafonds.

La riviere de Wimereux, qui de Colembercq passe au village de Wimille pour se rendre à la mer, ne présente aucun objet d'utilité, ni pour le commerce, ni pour la navigation.

Le Mont-Lambert & ses environs

offrent des bancs de pierres fort riches & très-intéressans : on y trouve aussi des mines de fer un peu sableuses. On en voit de pareilles à droite & à gauche du grand chemin qui conduit à Marquise, des pyrites ferrugineuses & sulphureuses.

A un quart de lieue de Marquise, est un banc de pierres calcaires blanches considérable & d'une grande étendue. Cette pierre, facile à tailler, durcissant à l'air libre, est la plus estimée de toutes celles de la même espece. On en fait des carreaux, des marches, &c. On observe dans ces pierres des parties coquillieres changées en spath, souvent transparent & beau.

La pierre à chaux est fort commune dans tout le pays, sur-tout à Marquise, ainsi que la marne blanche & bleue.

On voit à Ferques le marbre sombre-gris ou bleuâtre, connu généralement sous le nom de Stinkale, ainsi que ceux qui sont de la même couleur. Ce marbre, presque l'unique connu de cette couleur, prend un très-beau poli; il fournit de beaux meubles, des chambranles, des tables, des cheminées, des manteaux : on en fait aussi des carreaux pour paver les édifices. Ils font un bel effet, sur-tout lorsqu'on les unit à ceux de la pierre très-blanche de Marquise.

Le stinkale est souvent émaillé de veines blanches, ou taché de parties de spath calcaire, qui en relevent l'éclat.

A un quart de lieue de Ferques, en allant à Hardinghen, on trouve dans un monticule sableux, des masses d'un grès très-fin, blanc, fort tendre, propre à faire des meules pour aiguiser les instrumens tranchans. A cinquante pas de là, on voit une terre rouge & bolaire, un peu grasse, déliée & friable; cette terre, qui est une espece d'argile seche, colorée par la chaux du fer, teint fort bien en rouge: les marins l'employent pour marquer leur voiles & leurs cordes. En se retournant du côté du sud, on arrive dans la vallée très-profonde, irréguliere & fort escarpée, située au-dessous de la ci-devant abbaye de Beaulieu; elle s'étend jusqu'auprès de Marquise. On voit à droite & à gauche, & même dans son fonds, des bancs presque continus d'un superbe marbre de stinkale. On y distingue aussi du spath calcaire ou des tâches de marbre blanc; mais à l'extrêmité de cette vallée, on trouve plusieurs bancs fort inclinés, qui ne sont pas de la même couleur ; ils sont variés de taches rouges & grises. Ce marbre en conséquence ne porte pas le nom de stinkale.

Sur la hauteur de Beaulieu & un peu au-dessous, ainsi que sur tous les terreins adjacens, il se trouve des grès friables, plus abondans, & pareils précisément à celui dont j'ai parlé. On trouve au surplus des bancs de marbre de stinkale à la même hauteur, dans le château de Fiennes.

La paroisse de Réty n'offre que des bancs d'un tuf blanc, très-abondant & calcaire, presque en face d'une partie de l'extrêmité, nommée le Haut banc.

Plus haut, en allant à Hardinghen, au lieu nommé la Rochette, se trouve encore un banc de stinkale. En creusant à cet endroit pour découvrir le charbon, on y a trouvé une sorte de chyte gras, savonneux, feuilleté & friable, qui couvre le charbon d'Hardinghen. On a observé que les coquillages les plus communs qui entrent dans la composition des marbres de Ferques, sont les madrépores, les boucardes, cœurs de bœufs, les vis, les pétoncles, &c. &c.

Il y a soixante-quinze ans ou environ

que les fouilles d'Hardinghen sont en exploitation ; elles consistent en quatre couches ou veines, épaisses de trois à quatre pieds, penchées du sud au nord : elles sont à quatorze toises les unes des autres, & couvertes par le chyte dont je viens de parler.

Ces couches, qui ne présentent pas une grande étendue, sont coupées & bornées au nord par un nouveau banc de tuf bleuâtre, qui est la suite de celui qui se montre au-dessus de ces veines : il n'y a que du côté de l'ouest où les couches de charbon paroissent s'étendre ou se soutenir, & où l'on ne connoît pas de bornes.

L'étendue de ces couches est à-peu-près de deux cents toises de l'est à l'ouest, & de trois cents du sud au nord.

C'est sous la roche fort mince nommée Curielle, quoiqu'en partie calcaire, qu'on trouve le charbon, & assez souvent on en voit sous le chyte. Il y a cinq mines de charbon dans les communes de Réty, de Ferques & d'Hardinghen, découvertes depuis environ cent ans ; mais les exploitations qui en ont été entreprises plusieurs fois depuis soixante-douze ans, n'ayant pas produit assez de charbon aux ſpéculateurs pour les dédommager des frais de leur entrepriſe, ils ont été obligés en différens temps de les abandonner, à raiſon de la qualité variée du charbon, de l'inclinaiſon des couches, de leur épaiſſeur, qui ne va ſouvent qu'à cinq ou ſix pieds de la crue d'eau. Ces mines ſont généralement inclinées du S. O. au N. O.; la pente en eſt aſſez rapide pour former un angle de quarante-cinq degrés avec l'horiſon. Le cœur de ce terrein eſt au ſurplus traverſé & interrompu, ſoit par des marbres, ſoit par des plis de chyte ou fentes perpendiculaires, nommées par les ouvriers Failles, qui déſorganiſent l'ordre & l'arrangement que ces mines offrent à leur premier aſpect au ſpéculateur naturaliſte. L'enſemble de ces obſtacles & difficultés juſtifient les extracteurs de ne pas avoir donné une plus grande étendue à leurs ſpéculations & à leurs travaux.

On aſſure donc, & il paroît certain qu'il y a des mines de charbon en pluſieurs endroits, notamment à Hupelandres, près la maiſon du citoyen Menegard, & autres lieux. Les circonſtances où nous nous trouvons ſur le prix exorbitant & la rareté du bois, la trop petite quantité de charbon que fournit la mine d'Hardinghen, & le prix de ce combustible, qui marche toujours d'un pas égal avec celui du bois : tous ces motifs démontrent, qu'il est de la plus grande utilité de faire, en différens endroits, des recherches pour se procurer cette matiere fossile, qu'on peut à juste titre mettre au rang des choses de premiere nécessité. Il se trouve encore des mines de charbon à Souverain-Moulin, & il est notoire qu'à l'époque du croulement de l'échaffaudage pratiqué pour l'ouverture de la fosse dudit lieu, la nature des terres & pierres de la derniere couche, annonçoient de fort près la présence du charbon. Le succès de ces sortes d'entreprises tient à plusieurs chefs ; il est d'abord important d'avoir des métallurgistes pour découvrir par la sonde ou autrement, les endroits où ils estiment qu'il se trouve du charbon. Pour parvenir à la découverte des mines si desirées, il faut la constance la plus absolue, je dirai même la plus opiniâtre dans les fouilles de cette espece, où les recherches doivent être scrupuleusement & soigneusement observées. Il faudroit aussi qu'il se formât des compagnies d'entrepreneurs, ou encore mieux qu'on eût des souscriptions ouvertes à cet effet : j'aime à croire, & je suis même persuadé, qu'en vue du bien public, il se présenteroit un nombre suffisant de souscripteurs pour en remplir complétement l'objet. Les deux ou trois dernieres tentatives infructueuses qui ont été faites, pourroient empêcher quelques citoyens fortunés de songer à ces sortes d'entreprises, qui exigent non-seulement des connoissances, mais encore de grands travaux, dont les premiers frais sont toujours très-dispendieux, & demandent des mises de fonds très-considérables, avant qu'on puisse songer à en retirer les moindres fruits. En conséquence il est apparent que pour profiter de ces trésors que la nature a enfouis, il faut nécessairement une réunion de quelques centaines de citoyens propriétaires, partisans de l'utilité publique, ou des consommateurs de ce combustible, qui ont été très-gênés depuis quelques années par sa rareté & sa qualité : au moyen de cette réunion, on pourroit former une masse assez considérable pour opérer en grand, & apporter à ce genre d'exploitation toute l'attention qu'il mérite.

D'après le simple & succint exposé minéralogique de notre District que je viens de faire, aidé par les savans ouvrages sur cette partie des citoyens Guétard & Mannet, & par les notes & les observations que le citoyen Sire, ingénieur-géographe du District, a eu la complaisance de me communiquer à ce sujet, ainsi que le citoyen Girault Sannier, que les citoyens Guétard & Mannet ont consulté sur les meilleurs usages qu'on tire des différentes pierres du pays, & sur beaucoup d'autres objets & renseignemens, dont ils ont été pleinement satisfaits.

Les intarissables carrieres de Ferques, de Rety, de Marquise & de tous ses environs, nous conduisent naturellement à la proposition de rendre la riviere de Marquise navigable jusqu'à la mer par Selacq, avec des bateaux, belandres ou radeaux; mais il seroit très-important pour la salubrité & le soutien des terres des bords de cette riviere, d'y planter deux rangées d'arbres en quinconce de chaque côté, à six pieds l'un de l'autre, dans tous les sens. Les blancs bois, tels que les saules, les peupliers du pays, ceux de Hollande, me paroiſſent mériter la préférence ſur les autres eſpeces, & les oyas ſur les endroits d'où les ſables pourroient ſe porter dans la riviere & en déranger le cours.

Les frais de ces opérations ſeroient peu conſidérables en comparaiſon des grandes facilités qu'elles procureroient pour le deſſéchement & l'amélioration des vaſtes prairies très-ſouvent inondées, & pour l'exportation des marbres, pierres, charbons de terre. . . . Ce projet conſidéré ſous ſes différens rapports, offre un très-grand intérêt pour Marquiſe, le Diſtrict, le Département, & même pour la République Françaiſe. On comprend aiſément cette grande vérité, qui va juſqu'à l'évidence!

Le fer, plus ou moins diviſé, les coquilles & les parties coquillieres, les pétrifications de toutes les eſpeces animales & végétales, les pyrites ferrugineuſes, pures, ſableuſes & ſulphureuſes, ſe trouvent preſque généralement dans toutes les terres, les pierres, les ſables, & dans les monticules & les montagnes les plus élevées, dans les fonds & les plus grandes profondeurs; ce qui eſt clairement atteſté par la fouille de Souverain-Moulin, située dans une vallée des plus basses du Boulonnois: elle peut avoir cent cinquante toises de profondeur perpendiculaire. Le Cit. Béthune y a fait cette fouille en 1777: on y a trouvé à cent cinquante pieds dix pouces, de même qu'aux endroits cités plus haut, des cornes d'Ammon de différentes grandeurs, quelques-unes étoient induites de pyrites: de là, après avoir traversé la sorte de couche de charbon végétal ou de bois fossile, parvenus à la pierre calcaire coquilliere qui se trouve à vingt pieds au-dessous, il s'y trouva abondamment des coquillages à manche de couteaux, de petites huitres, des vis & des vermisseaux de mer pétrifiés, ainsi que beaucoup d'autres pétrifications & impressions de plantes, telles que la fougere, &c. (1). Les citoyens Guétard & Manner rapportent dans leur Atlas minéralogique, art. du Boulonnois, que le citoyen Boisrobert, résidant à

(1) Les coquilles & tout ce qu'on a trouvé dans cette énorme profondeur, qui passe de plus de cent pieds le niveau de la mer, donne lieu à des grandes réflexions, & à des raisonnemens à l'infini; mais les faits parlent.

Montreuil, s'occupant très-utilement & avec soin de l'histoire naturelle de son canton, leur a fait part du rassemblement de toutes les variétés, de pyrites, de coquillages, de silex, qu'il a pu se procurer. Il en résulte qu'il a de grandes & de petites cames, des huitres de toute espece, des vis, des buccins, des pyrites grandes & petites, & des silex de beaucoup de formes différentes, avec des petites cames pétrifiées. Il a au surplus présenté au citoyen Guétard plusieurs modeles de figures de silex; mais celle d'un vrai spath calcaire dans la craie, dont ils n'avoient pas encore connoissance, les a fortement intéressés. Il avoit une grande masse trouvée dans les environs d'Hesdin, formée de rayons concentriques ou lames spathiques allongées, appliquées les unes sur les autres; un autre morceau de spath calcaire trouvé aux environs de Montreuil étoit cristallisé, en petites pointes de diamant, appliquées sur une base opaque. Ils n'avoient pas encore vu de spath calcaire ressemblant aussi parfaitement au quartz.

Le citoyen Boisrobert leur a en outre fait voir deux morceaux antiques, dignes de la plus grande attention. La premiere présente la tête d'un idole, trouvée dans les fondations de la ci-devant abbaye de Longvilliers. Cette tête, du poids de quinze livres, est d'un silex verdâtre ou couleur d'olive, dont on ne trouve plus l'analogie dans ce pays. L'autre est une hache de pierre, telle que celle dont les sauvages de l'Amérique septentrionale ou de la nouvelle *Zélande* se servent encore à présent ; elle se trouve aussi aux environs de Montreuil : c'est un silex de même qualité. Ils sont encore redevables au même observateur de la connoissance du tuf ocreux & ferrugineux rempli de coquilles, qui forme une couche mince très-étendue, sous le côteau qui porte la petite église de St. Aubin, au bord de la mer, près d'Etaples, sur la rive gauche de la Canche.

Les coquilles pétrifiées qui se trouvent sur cette couche, sont pénétrées de chaux de fer. Cette substance ni les coquilles qui y sont corporifiées ne sont point calcaires ; ce corps est entiérement dû à la chaux de Mars & à l'argile. Qu'est donc devenue la substance ou matiere calcaire de ces coquilles, qui sont des pétoncles & des vis très-bien conservés ?

Il est de la plus grande notoriété que

les poissons en tout genre de notre côte, sont à tous les égards meilleurs que ceux qu'on pêche sur les côtes voisines: ils sont plus délicats, plus fermes, d'un goût plus fin, & conservent plus long-temps leur fraîcheur que les autres; ainsi que ceux des rivieres, des ruisseaux & des étangs, sur-tout les excellentes & superbes carpes de celui de Camiers.

Cet avantage nous est procuré par la nature & la qualité des eaux, du sable & des pierres calcaires, ferrugineuses, sableuses, dont le sol du Bas-Boulonnois est composé, sur-tout sur nos côtes, & par les sables d'une très-grande étendue en mer qui en forme le lit. Il existe plusieurs endroits où on trouve un quart de parties ferrugineuses sur les trois autres.

L'ISTHME.

LE rapport qu'il y a du langage Celtique très-peu altéré, de la province de Galles, pays montagneux très élevé, l'idiôme d'ailleurs des anciens Bretons est si conforme à celui du bas Breton, que lorsque les habitans de ces deux pays se rencontrent, soit comme prisonniers de guerre respectifs ou autrement, ils s'entendent parfaitement. Ils ont au surplus conservé, à peu de chose près, les mêmes mœurs & les mêmes manieres d'être à tous les égards. La conformité assez exacte qui se trouve entre nos côtes & celles d'Angleterre, qui leur répondent par les différentes couches & les inclinaisons des bancs de terres, de pierres, de mines de fer, de charbon & d'étain, & la variété de la profondeur de la Manche à vingt toises plus ou moins, dans différens endroits de son lit, tandis que dans d'autres sa profondeur est de cinquante, soixante, quatre-vingt, cent toises & plus. Toutes ces vérités indiquent clairement que l'Isthme ou la langue de terre qui unissoit notre continent avec celui d'Angleterre, a existé, de maniere qu'ensemble ils n'en formoient qu'un (1). Nous esti-

(1) Voyez ce qu'en ont dit César, Tacite, Servius, Claudien, Chambden, Westgan, Summer, Twine, de rebus Albionicis, & le docteur Wallis. Tous ces auteurs ont écrit sur

mons que la ſeule mine d'étain connue dans nos cantons, exiſte aux environs du cap Blanez, Wiſſant & Sombres. Elle fut reconnue il y a ſoixante ans ou environ, par des Métallurgiſtes allemands qui logeoient & mangeoient au Brœuil, chez le citoyen Diſque. On ſait que l'étain qu'on tire des mines Anglaiſes, eſt un des plus beaux & des meilleurs qu'on connoiſſe.

Outre la chaîne de montagnes dont j'ai déjà parlé, qui partage notre Diſtrict en Haut & Bas-Boulonnois, elle renferme encore un grand nombre d'autres montagnes & vallées; ce qui rend notre pays très-inégal. Il s'y trouve peu de plaines, qui ſont même d'une petite étendue.

---

l'exiſtence de l'Iſthme, dans leurs différens ouvrages, d'une maniere fort ambigue: mais Deſmareſt, dans ſon ſavant traité *ex professo* ſur ce même objet, qui lui mérita le prix de l'académie d'Amiens en 1751, a démontré & phyſiquement indigité, l'exiſtence de l'Iſthme, auſſi bien que celle du détroit de Gibraltar, dans le même cas préciſement que celui du Pas-de-Calais & autres. Voyez auſſi l'hiſtoire naturelle de Buffon, la géograp. de Warren, &c.

Il y a, ſur-tout dans le Bas-Boulonnois, des forêts conſidérables. Les maiſons & les fermes de nos campagnes, à peu de diſtance les unes des autres, ſont preſque toutes très-bien plantées. Les bois de notre Diſtrict ſont très-bons & fort eſtimés, ſur-tout le chêne, tant pour des meubles, édifices & bâtimens, que pour la conſtruction des vaiſſeaux & des navires de toutes eſpeces. Les vents de S. E. & de N. O. ſont les plus fréquens & les plus impétueux.

Les eaux des ſources & des rivieres qui baignent le Boulonnois, ſont vives, limpides, légeres & de très-bonne qualité. Les lieux bas ſont quelquefois expoſés à des inondations paſſageres cauſées par de grandes pluies ou par la fonte des neiges : mais il ſe trouve très-peu d'endroits où ces eaux ſéjournent, même aux époques de ces inondations, ni dans aucun autre temps, à raiſon de la pente générale du pays vers la mer, qui par ſon flux & reflux couvre & découvre nos ports & nos baies deux fois par jour, d'où il réſulte, joint à tout ce que j'ai déja dit ſur la conſtitution du Boulonnois, que notre pays eſt un des plus ſalubres à tous les égards que je connoiſſe. Une des principales causes de cette salubrité, est la plantation. De là on conçoit aisément que pour purifier l'air des pays malsains, où il se trouve des lacs, des marais, des étangs, enfin des eaux stagnantes, on doit planter autour des fermes, & sur le bord des rivieres & des étangs, des arbres de toute espece, mais particuliérement des saules, peupliers, &c.

Notre District est composé de cent dix-huit municipalités, dont la population totale est de soixante-trois mille ames, duquel nombre celle de Boulogne, & de ses fauxbourgs est de douze mille, non compris les militaires & autres étrangers.

Il est clair au surplus que la situation & la position du pays, est la mesure de la bonne qualité des trois regnes : aussi y a-t-il très-peu d'endroits où les viandes, & sur-tout le mouton & le gibier de toute espece, soient aussi bons que dans nos cantons.

Personne n'ignore que nos légumes, les plantes & les végétaux sont infiniment meilleurs que ceux des villes voisines.

Je me dispense d'entrer dans un plus grand détail sur ces objets intéressans, par la raison que le citoyen Courset les a traités & développés d'une maniere supérieure, ainsi que l'agriculture, qui offre & réunit ensemble complétement l'utilité à l'agréable, dans son lumineux & savant ouvrage sur l'agriculture du Boulonnois & des cantons maritimes voisins, imprimé chez le citoyen Dolet, à Boulogne en 1784. Le citoyen Courset, depuis cette époque, travaille avec soin à une nouvelle édition de son ouvrage qui sera plus complet, & d'une plus grande étendue, relativement sur-tout à la botanique : non-seulement les plantes indigenes y seront démontrées exactement, mais même les exotiques. Voyez aussi l'Almanach, sous le titre d'Etrennes en l'année Bissextile de 1792, sur l'histoire géographique, civile & littéraire du Boulonnois, fait avec grand soin, & également imprimé à Boulogne.

EXTRAIT du mémoire sur le traitement de la petite vérole, envoyé à la Société de Médecine de Paris, dans mon trimestre du neuf Novembre 1784.

LA petite vérole, généralement répandue à Boulogne en 1784, fut si peu meurtriere, que sur le nombre de cinq cent cinquante personnes qui en ont été attaquées, cinq seulement y ont succombé, & même leur mort doit-elle être particuliérement attribuée à des complications de malignité, de putridité, d'appauvrissemens, de dégoûts ou émunctoires supprimés. La méthode curative simple que je pratique depuis vingt-neuf ans, consiste à mettre les sujets confiés à mes soins au régime & à la nature végétale, autant qu'il est possible, bien assuré que les premieres voies sont surchargées de saburre bilieuse & glaireuse. Je leur fais prendre l'ipécacuanha à petites doses, pour empêcher que les secousses & les efforts ne portent le sang avec trop d'impétuosité à la tête. Le lendemain toujours selon l'indication, un minoratif doux avec la manne, les tamarins gras & deux ou trois gros de sel de Glaubert. Si le ventre n'est pas libre, ce qui arrive rarement à raison de leur maniere de vivre, ils prennent des lavemens simples ou de petit lait ; & s'ils éprouvent des pesanteurs, des douleurs de tête, & même sans cela, les pédiluves, les demi-bains ou de fauteuil, continués même pendant l'éruption les matins à jeûn. S'il y a pléthore sanguine parfaitement bien reconnue, la saignée du pied ou bien celle du bras, le malade ayant les pieds dans l'eau chaude. Dès que les premiers symptômes avant-coureurs de la petite vérole s'annoncent, on fait continuer les mêmes bains & les lavemens simples deux fois par jour. Les boissons acidules d'ailleurs prises abondamment, telles que la limonade légere, l'eau d'orge perlé ou mondé édulcorée & acidulée avec le vinaigre ou son sirop, la gelée de groseilles délayée dans l'eau, la décoction de prunes miélée, le petit lait clarifiée avec soin, & quelquefois le lait d'amende simple ; la tisanne de pommes & de raisins secs, édulcorée &

acidulée aussi avec le sirop de vinaigre ou celui de limon, suivant le goût & l'état des malades, dont ils font un usage varié à leur volonté; les bouillons gras & toute espece de viandes leur sont absolument interdites: les maigres, faits avec le pain, les carrotes, le cerfeuil, la chicorée blanche & beaucoup d'oseille fraîche, forment leur nourriture principale; & lorsqu'ils ne sont pas bien malades & qu'ils désirent d'autres alimens, on leur permet dans l'intervalle des bouillons, du pain avec de la gelée de groseilles ou la pulpe de pommes cuites, & quelquefois du poisson frais & léger bouilli ou grillé, & un peu de vin vieux trempé.

Les malades se tiennent levés autant qu'ils peuvent ou que leur état le permet; ils sont plutôt moins que plus couverts dans leur lit, qu'ils ne le sont en santé. L'air des appartemens, tenus aussi propres qu'il est possible, doit être renouvellé de temps en temps. On le purifie aussi en arrosant le plancher avec un mélange de parties égales d'eau & de vinaigre, ou en réduisant le vinaigre en vapeur, en le versant sur une pelle rougie au feu. Si à l'époque ou la petite vérole doit paroître, la fievre est forte, accompagnée d'un délire tel léger qu'il soit, de soubresauts de tendons, si l'éruption est laborieuse, languissante, &c. je leur fais prendre, conformément à la pratique de Sutton (1), depuis quatre

(1) Sutton n'est pas le premier qui ait fait usage du mercure doux & calomelas, dans la petite vérole; l'immortel Boerhave en avoit prédit & prévu tous les avantages, qu'Etmuller confirme d'une maniere supérieure & tranchante, dans son ouvrage in Ludovic Tit. 4. pag. 1077, où il recommande l'usage du mercure doux, sur-tout à l'invasion & au commencement de la petite vérole. Il dit en avoir vu des effets merveilleux pris en bols, avec quelques grains de résine de Jalap, à la dose de cinq grains pour les enfans, & à plus forte dose pour les adultes, d'une maniere proportionnée à leur âge & constitution, à la nature & au degré de la maladie.

Lege itidem, pharmacopæia extemporenæa, per Thom. Fuller.

Inspice quoque H. Boerhaav. De materie medica.

Sect. 1302.

Pulveres mercuriales & antimoniales, forti veneno varioloso antidoti.

Tametsi divus ipsemet auctor sedulò indigitavit variolarum insitum.

Sect. 1403.

Prophylaxis insitiva videtur satis certa, tutaque.

à cinq jusqu'à six grains de calomelas, selon l'âge & la situation des malades, en bols ou dans un peu de gelée de groseilles ou de pommes, une fois par jour, & quelquefois deux à plus petites doses, jusqu'à ce que l'éruption soit bien faite. Je l'ai fait administrer plusieurs fois à la même dose & de la même maniere, pendant la fievre secondaire ou de suppuration. L'effet principal du calomelas est de favoriser, déterminer ou établir le ptyalisme reconnu, si avantageux par tous les médecins-praticiens, ainsi que le gonflement ou l'engorgement des grandes & petites extrêmités, sur-tout pour les adultes, & la liberté du ventre aux enfans. Si dans quelque temps que ce soit de la maladie, j'observe des signes de putréfaction ou disposition au gangrénisme, éruption miliaire, exanthême, pourpreux, &c. ce qui arrive quelquefois, sur tout au commencement & pendant le desséchement des pustules ou boutons varioliques, j'ajoute alors au traitement dont j'ai déjà parlé l'usage des apozêmes, faits avec une légere décoction de quina concassé, & choisi en écorce, de la premiere qualité, ou je fais infuser les fleurs de sureau & de camomille, édulcorant la colature, avec suffisante quantité de firop de vinaigre ou de limon, & acidulée avec une assez forte dose d'élixir vitriolique de Mynsich. Le malade en prend un plein gobelet ordinaire de trois en trois ou de quatre en quatre heures, & quelquefois plus souvent. L'état des malades m'a obligé plusieurs fois à camphrer un gobelet de ces mêmes apozêmes, & à leur en faire prendre deux ou trois fois par jour. Ils font usage à cette époque, toutes les heures ou environ, d'une pleine cuillerée à bouche de cordial au vin, fait avec deux parties d'eau, une partie de vin, très-peu de canelle & suffisante quantité de sucre. Lorsque les vésicatoires sont indiqués, je les fais appliquer aux extrêmités inférieures. Je termine le traitement de cette maladie avec les minoratifs légers plus ou moins long-temps continués, selon l'indication & l'état du convalescent restauré, avec des alimens légers & faciles à digérer, pris souvent & en petite quantité, ainsi que le meilleur vin vieux. Il est de fait constant que de tous ceux qui ont été traités de cette maniere, lorsque l'épidémie variolique régnoit, tant dans la ville que dans les campagnes du Boulonnois, il n'en est mort que cinq, dont la petite vérole étoit compliquée de fievres malignes, putrides, pourpreuses & démunctoires supprimés & répercutés. Mais tous les autres non-seulement en sont guéris, mais même ils n'ont éprouvé aucun reste ni suites fâcheuses de cette maladie.

Il est également certain que le traitement opposé, malheureusement trop accrédité, sur-tout dans les campagnes, produit un nombre considérable de victimes. Les vomitifs, lors même que les vomissemens, les nausées ou les envies de vomir, sont purement symptômatiques à l'irritation ou à l'agacement de la nervure, les purgatifs drastiques, les saignées sous les apparences de la vraie pléthore, tandis qu'elle est fausse, les incendiaires de toute espece, tels que le vin, l'eau-de-vie, les cordiaux les plus animés, les soins qu'on apporte à couvrir beaucoup les malades dans leur lit, & à tenir leur appartement aussi chaud que possible, à empêcher le renouvellement de l'air & le changement de linge, sont en général des moyens très-meurtriers, employés presque toujours par le vulgaire, dans le traitement de cette maladie, celle de toutes où j'estime que les irritans, les vomitifs contre-indiqués & les incendiaires de toute espece, sont les plus redoutables & les plus dangereux. Boulogne le 26 Décembre 1784.

Réflexions simples sur les effets & les suites de l'inoculation de la petite vérole.

LE miasme variolique étant introduit dans la masse des fluides avant que la nature ne soit disposée & préparée, par elle-même, au développement du germe de la petite vérole cachée dans son sein, il est à craindre qu'elle ne puisse se dépouiller parfaitement de cet être humoral variolique, quelque soin qu'on ait eu de choisir le pus des boutons de la meilleure espece; quelque précaution qu'on apporte dans le traitement des personnes inoculées, il arrive assez souvent que la petite vérole, résultante de l'inoculation, est d'une nature toute différente de celle qu'on a introduite dans le sang; j'en ai vu plusieurs dont les pustules étoient plates, confluantes, cohérentes, sur-tout à la face, véreuses; quelques-uns même y ont succombé.

Lorsque d'ailleurs la dépuration de ce venin n'a pas été complete, le peu qu'il en reste communique son caractere venimeux au torrent de la circulation, trouble l'ordre & la marche des sécrétions, d'où résultent des convalescences languissantes, laborieuses, accompagnées de fievre lente, de sueurs colliquatives. Les parties ou les organes qui offrent le moins de résistances, deviennent la proie de ce miasme, qui exerce son action, tantôt sur les articulations, où il forme l'arthritisme, des exostoses, des nodus, des abscès ou dépôts, des ulceres fistuleux & la carie, tantôt sur les visceres du bas-ventre, où il occasionne des engorgemens & des obstructions, souvent sur les poumons, sur le cerveau, ou à ses membranes, & par suite sur le systême nerveux; ce qui donne lieu à la pthisie pulmonaire, souvent à la consomption, & quelquefois à la déviation de l'esprit.... Une série d'observations multipliées justifient mon assertion; j'ai même constamment remarqué, que les maladies dont je viens de parler, sont beaucoup plus longues lorsqu'elles viennent à la suite de l'innoculation, que quand elles proviennent des causes ordinaires.

Les moyens curatifs qui me paroissent les mieux indiqués pour obvier ou pour remédier à ses accidens, seroient de placer les malades, sur-tout au commencement ou dans les premiers temps, dans un appartement où il y auroit plusieurs petits vérolés à la fois; ils y coucheroient, ils y mangeroient..... Là on leur feroit prendre quelques bains domestiques, on leur donneroit la chemise sale la plus chargée du pus variolique, avec les vêtemens d'un petit vérolé; on leur appliqueroit un emplâtre vésicatoire sur chaque jambe & sur chaque bras; ils feroient un usage abondant pour boisson ordinaire, de tisane de fleurs de sureau, des racines de patience sauvage, de bardane, de squine ou de sassafras, & le régime relatif.

Le but de ce traitement est de faire refluer sur la peau l'humeur qui étoit restée dans la masse des fluides. Il en est de ceci comme des gales & dartres répercutées & séchées par des topiques. J'ai vu dans les hôpitaux confiés à mes soins, qui, par une suite de la répercution de ces humeurs, ont été attaqués de fievre continue violente, de convulsions, de délire phrénétique atroce, & qui en ont été délivrés précisément par le traitement ci-dessus indiqué pour la petite vérole, avec l'addition seulement du souffre, qu'on tâchoit de leur faire prendre en opiat ou dans leurs boissons.

On se rappellera sans peine les reproches mérités, faits aux inoculateurs sur le retour de la petite vérole, plus ou moins long-temps après l'inoculation. Le fait est vrai, & toujours fort heureusement pour l'inoculé; la raison doit en être vivement sentie: au contraire l'immortel Boerhave, son célébre commentateur Wanswieten, & plusieurs autres habiles médecins, assurent qu'il n'y a pas une personne sur des milliers qui ait deux fois la petite vérole naturelle. Ils observent avec raison, que ce qui fait croire au vulgaire que les exemples en sont plus fréquens, c'est qu'on confond la petite vérole cristalline, fausse ou bâtarde, avec la légitime ou véritable petite vérole.

J'ajouterai une réflexion qui est de la plus grande importance; en inoculant la petite vérole, il est certain qu'on inocule en même temps les vices, soit héréditaires, soit d'acquisition, du sujet qui a fourni le pus du bouton variolique ; tels que le vénérien, le scrophuleux ou écrouëleux, le scorbutique, & en général tous les vices, tant physiques que moraux, provenus de la délicatesse de la nervure, de son irritabilité, de sa vibrabilité, & de son extrême sensibilité. De là une foule incalculable de maladies, & de désordres des facultés & des fonctions morales & physiques.

Je conclus de là, que l'inoculation de la petite vérole peut avoir des suites fâcheuses, & que les peres & meres ne doivent pas y exposer légérement leurs enfans ; que je ne prétends pas néanmoins proscrire entiérement l'inoculation, il n'est même pas impossible d'en tirer un parti avantageux, en apportant une extrême précaution dans le choix de la matiere variolique, & en observant dans les préparations & dans le traitemens de la maladie, les regles que j'ai indiquées. Mais à mon avis les gouvernemens qui propagent la petite vérole en favorisant l'inoculation, rendroient un service bien plus essentiel à l'humanité, s'ils cherchoient à extirper & eteindre cette funeste maladie, en prenant pour cet effet les mêmes mesures par lesquelles on est venu à bout de détruire la lépre, dont l'Europe a été infectée pendant plusieurs siecles.

Au surplus en présentant au public mes opinions, je les soumets volontiers aux lumieres de mes confreres Médecins, physiciens & praticiens observateurs.

Réponse à une question faite par l'académie d'Arras.

LE citoyen Dubois, Secrétaire perpétuel de l'académie d'Arras, & à présent Président du Département du Pas-de-Calais, m'a demandé quel rôle les trois membranes du cerveau jouent sur les nerfs, & si elles leur servent de gaines jusqu'à leurs extrêmités ?

Pour répondre convenablement à cette question, je crois devoir commencer par l'exposé succint de ses membranes à l'égard du cerveau & des parties qui en dépendent.

1°. La membrane arachnoïde enveloppe immédiatement le cerveau, ses anfractuosités, ses fissures, ses ventricules, même les plus petits scrobicules, & les gobules qui les composent : elle couvre également le cervelet, la moelle alongée & celle de l'épine. Cette membrane s'implante dans leur propre substance, dont elle fait partie en s'y confondant, ainsi que dans les glandes pituitaires & pinéales ; elle remplit le même objet, mais est infiniment moins sensible dans toute l'étendue des nerfs, qu'elle accompagne jusqu'à leurs extrêmités les plus éloignées.

2°. La pie-mere, qui s'unit à l'arachnoïde, en suit exactement la marche.

3°. La dure-mere, plus forte que les premieres, est adhérente à toute l'étendue de la face interne du crâne. Elle couvre le cerveau, & généralement toutes ses dépendances, & même les nerfs jusqu'à leurs dernieres houpes ou filets nerveux. Elle forme tous les différens sinus du cerveau, la faulx qui en sépare les lobes jusqu'au corps calleux. Elle tapisse les quatre ventricules du cerveau en commun avec l'arachnoïde. C'est encore de la pie-mere que le cervelet & la glande pituitaire tirent leur tente ou berceau, pour les garantir de la pression du cerveau ; elle procure aussi la membrane pituitaire, qui revêt les sinus sphénoïdaux, frontaux, les maxillaires, les conques nazales, le sac lacrimal, &c. : elle s'unit au péricrâne par les sutures, par les fentes & par les trous des os du crâne. De là résulte la foule des accidens, quelquefois même la mort, qui arrivent à la suite des blessures quelconques à la tête, plus ou moins graves ; telles que les fortes contusions, les déchirures, les inflammations du péricrâne, les fractures, les fentes, les félures & enfin les enfoncemens du crâne.

De ces trois membranes, dis-je, désignées par le nom de Méninges, la premiere fait, pour ainsi dire, corps avec les nerfs encore presque médullaires à leur sortie du crâne. La pie-mere n'y est apperçue qu'avec beaucoup de soin. La dure-mere, quoique légérement adhérente dans toute leur étendue, y est sensiblement observée. Pour se convaincre de cette vérité d'une maniere physique, on fera macérer pendant quelque temps un morceau ou tronc de nerf quelconque dans l'eau ou dans l'esprit de vin ; on y verra distinctement, en les séparant avec attention, les troncs, feuillets ou lames membraneuses, sur-tout l'extérieure appartenant à la dure-mere : elles augmentent en consistance & en volume comme les principaux nerfs, à mesure qu'ils s'éloignent de leur origine, en recevant de nouvelles forces par les ganglions, qui sont comme autant de petits cerveaux qu'on observe d'espace en espace, sur-tout dans la poitrine & dans le bas-ventre, d'où partent différens plexus ou filets nerveux, qui se distribuent dans les visceres contenus dans ces capacités. Il est donc clair que ces membranes ensemble couvrent ou forment une espece de gaine à tous les nerfs, absolument différente de celle des tendons.

Tout nous démontre avec la plus grande évidence, que le sentiment & le mouvement par lesquels toutes nos fonctions, ainsi que nos facultés morales & physiques s'opérent, dépendent décidément de l'existence & de la présence d'un fluide ou esprit nerveux très-volatil, qui du cerveau se porte, par le moyen des nerfs, avec une vitesse incroyable dans toutes les parties du corps. Ce fluide, ainsi que les tubes qui le contiennent & le transportent, se sont toujours dérobés à notre connoissance, d'où il paroît certain, que le premier mouvement & le développement de notre nature passive, ou de notre individu, contenu tout entier dans le germe seminal viril, opere à l'instant où cette semence, qui de tous les fluides est celui qui a le plus d'analogie avec le suc nerveux, s'unit dans l'utérus ou dans ses dépendances. La chaleur plus ou moins forte qui résulte du frottement des matieres, à raison de leur affinité respective, est la mesure de la raréfaction ou dilatation de l'air constituant, fixe, incarcéré dans la semence. Voilà vraisemblablement le premier mouvement (animus) & l'instant précis de la conception. C'est du cerveau que le suc nerveux, se portant au cœur, lui communique son mouvement. Le cerveau doit donc être le premier vivant & le dernier mourant, & non pas comme les Physiologiciens anatomistes l'ont dit : *Cor primum vivens & ultimum moriens.*

Les observations qui suivent servent de preuves & de développemens aux vérités que je viens d'exposer. 1°. De la rupture ou de la torsion de la moëlle allongée, soit par la luxation des vertebres cervicales ou autrement, résulte plus vîte que l'éclair la mort de l'individu.

2°. Si l'on coupe un nerf ou qu'on le lie, la partie inférieure à la section ou à la ligature, se trouvant privée du suc nerveux, perd subitement par là le sentiment, le mouvement & toute espece de fonctions, à l'exception des vitales, qui continuent par l'action ou mouvement circulaire du sang & de toute la masse des fluides. Il est donc clair comme le jour, que le cœur n'est pas le premier vivant, ni le dernier mourant.

Voici un fait particulier qui vient à l'appui de mon assertion. Le régiment de Forêt, dont j'étois chirurgien-major, étant en garnison à St. Venant en 175., le nommé Joliccœur, caporal, mourut à l'hôpital: en dissequant son cadavre pour démontrer la splanchnologie & la miologie aux éleves en chirurgie, je découvris une cicatrice de deux lignes au ventricule droit du cœur. J'appris de ses camarades qu'il y avoit neuf ans qu'il s'étoit battu avec un d'eux; & en effet, je trouvai une cicatrice de la longueur d'un demi-pouce sur les tégumens à l'ex-

térieur, dont la direction se rapportoit parfaitement à celle du cœur.

Un homme d'affaires d'un bourg de ce pays, travaillant dans son cabinet, y fut blessé de deux coups de sabre qu'on lui plongea dans la poitrine : s'élancer sur son assassin fut son premier mouvement, & après avoir fait le tour de la table où il travailloit, il traversa son cabinet, une chambre ouverte & deux portes : arrivé au haut de l'escalier, il y tomba & mourut.

A l'ouverture du cadavre, nous observâmes deux plaies au cœur, la premiere à sa base, pénétrante jusqu'aux ventricules; la seconde ayant son entrée à la partie presque supérieure du ventricule droit, étoit sorti à l'oreillette gauche.

Un sergent & un soldat de notre garnison, blessés à différentes époques, transportés de plus de cent cinquante pas dans notre hôpital, y moururent à leur arrivée; les ventricules droits de leur cœur étoient ouverts, & la blessure du sergent s'étoit même étendue jusqu'à l'oreillette gauche. Les auteurs rapportent au surplus une foule de pareilles observations, & d'autres maladies très-graves de cet organe.

Six jours après la conception, se forme l'embrion, qui insensiblement dans l'espace de six semaines environ, prend le nom de fœtus (1). A cette époque on distingue toutes ses parties, même sexuelles. C'est aussi à cet âge que les théologiens lui admettent l'ame raisonnable, placée dans le corps calleux du cerveau, suivant le sentiment de beaucoup de nos physiologistes (2); d'autres la font résider dans la glande pinéale, chatonnée au troisieme ventricule du cerveau. Boulogne, le 15 Novembre 1786.

---

(1) Hipp. opera Comment. Græc. & latin. à Jerom. Mercurial Venit. 1588, in fol.

(2) Notamment Lancisius Ruischius epistolâ XI, & Thesaurus anatomicus variis in locis. Bergerius in physiologiâ; Veterinus in novo systemate varorum. Camerarius dissertatione de sede animæ cogitantis. Camerarius in Elect. medicâ paginâ 18.

Obſervations ſur la diſſolution du ſublimé Corroſif à la maniere de Vanswieten, pour le Gluten ſpontaneum, les obſtructions, la ſtagnation & les engorgemens lymphatiques, ſur-tout des glandes.

ENTRE une ſérie conſidérable de ſuccès heureux que j'ai obtenus depuis environ vingt ans, de l'uſage de ce remede, préparé & adminiſtré ſelon l'exigence des cas, je citerai la cure ſuivante.

La citoyenne ***, âgée de trente-ſept ans, eſt d'une conſtitution plutôt ſanguine que bilieuſe. Sa nervure eſt très-ſenſible & irritable, les évacuations ſexuelles ont toujours été aſſez régulieres. Elle a éprouvé en outre pluſieurs fois des crachemens de ſang, qui eſt conſtamment épais, coëneux, ſec & acrimonieux, exempte au ſurplus de tout autres vices & virus quelconque. Cette citoyenne s'apperçut à l'âge de dix-huit ans, d'un commencement d'engorgement aux glandes parotides, maxillaires & axillaires, aux grandes & aux petites extrêmités. A ces dernieres parties se joignit une espéce d'érysipele dartreuse d'une plus grande intensité, pendant les hivers & à l'entrée des printemps, qu'à d'autres époques. Cette maladie faisoit toujours des progrès, malgré l'usage des des moyens curatifs connus jusqu'à présent, même de l'éthiops minéral dont on formoit des pillules, avec quantité suffisante d'extrait de cigue: ces remedes n'opéroient pendant un certain temps qu'une légere amélioration, & la suspension des progrès de la maladie. Parvenue à l'âge de vingt-huit ans, la maladie étant alors à son comble, je fis prendre à la malade la dissolution de Vanswieten, préparée & administrée de la maniere suivante. On fit dissoudre six grains de sublimé dans deux livres d'eau pluviale distillée, édulcorée avec trois onces de sirop d'althæa. La malade préparée par la saignée, les minoratifs doux, & les bouillons altérans des plantes savoneuses, en prenoit une pleine cuillerée à bouche les matins & les après-midi, dans un plein gobelet ordinaire de lait ou de tisanne de guimauve & de graine de lin, ayant soin de boire ensuite trois gobelets de cette même tisanne, à une heure ou environ d'intervalle l'un de l'autre.

L'effet de ce remede étoit observé avec grand soin : les minoratifs légers pour entretenir la liberté du ventre, les saignées tous les trois ou quatre mois, selon l'indication, à raison de la pléthore sanguine, de l'épaississement du sang & de l'hémoptisie, dont elle avoit éprouvé plusieurs attaques.

Le petit lait clarifié, les bouillons altérans, ceux de veau & de poulet en différens temps, un régime d'ailleurs doux, simple, soigneusement observé, ne se nourrissant qu'avec des alimens sains, légers & faciles à digérer

La malade ne prenoit quelquefois pendant trois ou quatre jours, qu'une cuillerée de la dissolution, d'autres fois elle restoit un ou deux jours sans en prendre, pour recommencer ensuite à deux cuillerées. Cette conduite & le traitement ont été suivis & continués pendant onze mois, sans qu'il se soit présenté la moindre apparence de ptyalisme, ni même de chaleur à la bouche, ni enfin d'irritation quelconque sur la nervure.

Les engorgemens des glandes & des autres parties se sont insensiblement dissipés tout-à-fait, ainsi que les érysipeles dartreuses, en sorte que notre malade jouit depuis ce temps d'une parfaite santé.

Analyse des eaux martiales froides de la forêt de Desvres, à quatre lieues de Boulogne, à sept de St. Omer, à une portée de carabine du chemin qui y conduit, & à un quart de lieue de la ville de Desvres.

Le citoyen Lasablonniere, ci-devant lieutenant de la maîtrise des eaux & forêts du Boulonnois, & maire de cette ville, a eu soin de faire écarter ou détourner les eaux étrangeres, des minérales en question, dont la source est assez abondante, & de les enclorre dans un petit bâtiment fermé, dont il garde la clef, pour ne la remettre qu'aux personnes qui en font usage.

1. Ces

1°. Ces eaux prises à leur source, & fortement agitées dans une bouteille aux trois quarts pleine, produisent une grande quantité de globules gazeuses, leur goût ferrugineux est très-sensible ; elles sont spécifiquement plus légeres que celles de nos fontaines ordinaires.

2°. La noix de galle en poudre & sa teinture leur donnent une couleur pourprée, tirant sur le noir, & l'alkali Prussien une légere couleur bleue.

3°. La teinture de tournesol leur communique sur le champ un beau rouge cramoisi ; ce qui annonce que l'acide contenu dans ces eaux, n'y est libre qu'en partie.

4. L'alkali volatil n'a point changé leur couleur, il s'est fait seulement un précipité terreux très-léger ; ce qui est la pierre de touche pour y reconnoître la présence du cuivre.

5. L'huile de tartre, qui décompose & les sels métallique & ceux à base terreuse, n'a produit également qu'un léger précipité terreux.

6. L'eau de chaux a troublé un peu la transparence desdites eaux, ce qui décide l'existence d'une petite quantité

de terre vitrescible, faisant partie de celle des sels à base terreuse.

7. La dissolution du mercure par l'acide nitreux, n'a produit aucun changement ni aucun précipité, ce que nous verrons plus clairement, en suivant nos analyses par les mêmes réactifs, la liqueur étant bien concentrée; ce qui est le moyen le plus sûr pour reconnoître la nature de l'acide contenu dans les eaux minérales quelconques.

8. Le sirop de violettes a très-peu changé la couleur des eaux de Desvres; Ce changement ne doit même être attribué qu'à la terre qu'elles contiennent.

9. Le savon s'y dissout parfaitement; ce qui prouve qu'elles sont peu séléniteuses. Les eaux des puits de Boulogne décomposent le savon; ce qui démontre la présence de l'acide vitriolique de la sélénité.

10. Ayant mis du vinaigre de saturne dans ces eaux, il s'est fait un précipité (d'une belle couleur blanche) du plomb contenu dans ce vinaigre; cela indique clairement qu'elles ne contiennent point de phlogistique sulphureux.

Il résulte des simples expériences que nous avons faites par les réactifs ordi naires des eaux martiales de Desvres, qu'elles contiennent des sels terreux.

11. Nous avons continué nos analyses par la voie de l'évaporation, pour nous assurer d'une maniere physique, des qualités de ces eaux. Nous avons donc mis sur un feu fort modéré au commencement, trois terrines de grès contenant chacune quinze livres d'eau; lorsqu'elle fut parvenue au trente-sixieme degré de chaleur au-dessus de -o- au thermometre de Réaumur, nous avons vû les bulles d'air se former à la surface de l'eau, tandis que la chaux ferrugineuse se précipitoit au fonds des terrines. L'évaporation a été continuée jusqu'à ce que l'eau n'ait plus fourni de précipité ni de bulles aëriformes; à cette époque nous avons décanté la liqueur pour en séparer exactement la terre ferrugineuse que nous avons mise sur un filtre, pour la laisser bien égoûter, sécher, &c.

12. La noix de Galles en poudre dans l'eau décantée & filtrée, n'a donné aucune marque de la présence d'un minéral; non plus que la même noix de galle macérée dans l'esprit de vin.

13. Après avoir fait les mêmes opérations avec les mêmes résultats, sur une

plus grande quantité d'eau, & jusqu'à concurrence de quarante livres, nous avons continué les évaporations, ayant soin de les réunir à mesure qu'elles diminuoient, dans une seule terrine jusqu'à la réduction d'une livre: toute la chaux ferrugineuse obtenue, lavée & bien séchée, pesoit un gros trente-sept grains.

14. Nous avons décanté cette livre de liqueur restante des produits rapprochés, & mis le précipité sur un filtre, nous en avons dépouillé les sels par plusieurs lessives avec l'eau distillée, que nous avons joint à la livre de la liqueur que nous avions décantée, le résidu restant ayant été soumis à l'action de l'acide du vinaigre; la vive effervescence qui est résultée de ces mélange étant finie, & la saturation parfaite, nous avons précipité par l'alkali fixe la terre calcaire contenue dans cette dissolution: ce précipité lavé & séché n'étoit qu'une véritable terre calcaire pure, & le résidu restant étoit de la sélénité calcaire indissoluble par aucun acide. Assurés de la nature du premier résidu, nous avons mis en évaporation l'eau des lessives du premier précipité; mêlées ensemble, avec la livre de liqueur, nous avons con.

tinué l'évaporation au bain de sable jusqu'à forte pellicule, nous l'avons mise à cristalliser pendant douze heures ; ayant alors décanté la liqueur, nous n'y avons reconnu que des cristallisations fort irrégulieres, nous en avons séparé les pellicules, & après les avoir lavées à l'eau distillée chaude, nous avons observé que c'étoit un véritable sel séléniteux. Les évaporations ont été continuées, ayant soin d'y ajouter l'eau des lotions, tant des pellicules, que de celle de la terre qui s'étoit précipitée ; nous avons remarqué, quelque temps après, qu'il se faisoit à la surface de la liqueur, de petits cubes de sel marin. L'opération continuée, autant qu'il nous a paru être nécessaire, nous l'avons laissé cristalliser. En ayant décantée, l'eau-mere restante, nous avons obtenu vingt-quatre grains de sel marin à base terreuse, & d'alkali minéral, nous y avons observé aussi plusieurs petites aiguilles, à peine sensibles, de sel de Glauber. L'eau-mere restante nous a fourni du sel marin à base terreuse fort déliquescent, nous l'avons poussé jusqu'à siccité, ensuite nous avons fait dissoudre ce résidu dans l'eau distillée, où s'étant fait un précipité bien marqué par l'alkali fixe, nous en avons décanté la liqueur, qui, étant évaporée, nous a donné le sel fébrifuge de Silvius, qui est très-déliquescent ; la forme & la figure de ses cristaux est enfin irréguliere, & par conséquent difficile à déterminer. Nous avons mis ce résidu dans un petit matras, sur lequel nous avons versé de l'acide vitriolique, d'où est résulté une effervescence assez sensible. La saturation étant faite & la liqueur refroidie, elle nous a donné une cristallisation séléniteuse, au lieu d'une terre magnésienne que nous estimions y trouver.

Il est donc bien clair, par les Analyses que nous avons faites des eaux martiales froides de Desvres, qu'elles contiennent en dissolution :

1. Trois quarts de grain & un septieme de terre martiale par livre.

2. Du sel marin, dont une partie est à base d'alkali fixe, & l'autre à base de terre calcaire, mêlée de quelques petits cristaux de sel de Glauber.

3. De la terre calcaire tenue en dissolution dans l'eau, & une autre plus petite partie, par l'acide vitriolique, qui nous a fourni un peu de sélénite.

Nous n'avons aucune connoissance de

l'effet de ces eaux, n'ayant pas encore eu occasion d'en prescrire l'usage ; nous estimons cependant qu'elles sont toniques & fondantes, & qu'en conséquence elles conviennent dans les cas où les fibres des solides sont relâchées, ou leur ressort diminué ; d'où résulte la viscosité des fluides, qui ne sont pas assez élaborés ni atténués, & de là, la langueur de toutes les fonctions, des sécrétions, des excrétions, &c.

Analyse des eaux martiales froides de Recques, à sept lieues & demie de Boulogne, à une lieue de Montreuil, & un petit quart de lieue du grand chemin qui y conduit, près du château du citoyen Montbrun.

Nous nous sommes transportés à Recques, le 11 Juin 1786, pour y procéder à l'analyse des eaux martiales par les réactifs ordinaires, de la manière qui suit.

1. Ces eaux, prises à leur source, & bien agitées dans une bouteille aux trois

quarts pleine, bouchée avec la main, ne nous ont paru que très-peu gazeuses.

2. La noix de galle en poudre leur a communiqué sur le champ une couleur pourprée très-foncée, tirant sur le noir ; ce qui décele dans ces eaux le fer en dissolution, sans être combiné ni uni avec aucun acide.

3, La teinture du tournesol n'y a opéré aucun changement.

4. Le sirop de violettes les verdit un peu ; ce qui arrive toujours lorsque les eaux martiales contiennent des matieres terreuses en dissolution.

5. L'huile de tartre, par défaillance, trouble l'eau & forme un léger précipité terreux.

6. La dissolution du mercure, par l'acide nitreux, n'y produit aucun effet.

7. L'esprit volatil de sel ammoniac ne change point leur couleur, il s'y fait seulement un léger précipité terreux.

8. Les cristaux de l'une, dissous dans l'eau distillée, les troublent à peine.

9. Le savon s'y dissout parfaitement ; ce qui prouve leur salubrité, & qu'elles ne sont d'ailleurs dominées par aucun acide.

10. L'eau de chaux n'y forme qu'un léger précipité de terre argilleuse.

11. Après nous être assurés par les réactifs ordinaires, de la qualité des eaux martiales de Recques, nous avons continué nos analyses par la voie de l'évaporation ; pour cet effet nous avons exposé à un feu très-modéré, deux terrines, contenant chacune douze livres d'eau ; il ne s'en est dégagé pendant l'évaporation, que très-peu de bulles d'air, l'eau n'a rien perdu de sa limpidité : la chaux du fer & de la terre se précipitoient à mesure que la liqueur se concentroit. Cette eau réduite à deux livres, filtrée avec soin & mise à part, le précipité resté sur le filtre, la noix de galle ni l'alkali saturé de la matiere colorante du bleu de Prusse, ne lui ont donné aucune marque ni apparence quelconque de minéralité.

12. Nous avons mis en évaporation au bain de sable l'eau qui nous restoit, ensemble avec la lessive du premier précipité, nous n'avons obtenu par ce procédé, qu'un résidu crayeux, dissoluble dans l'acide du vinaigre, sans apparence d'aucun sel.

13. Ayant bien lavé & séché le pre-

mier résidu, nous l'avons soumis à l'action du vinaigre, où il s'est fait une forte effervescence : la saturation étant parfaitement finie, nous avons filtré la liqueur pour en séparer la terre ferrugineuse, inaltérable par l'acide du vinaigre, tandis qu'il dissout la terre calcaire. Cette derniere dissolution précipitée par l'alkali fixe, nous a donné une terre purement calcaire, que la calcination a réduite en chaux pure.

Le résidu, qui avoit résisté à l'action du vinaigre, ayant été lavé & bien séché, pesoit vingt-quatre grains, nous l'avons mis au feu avec un peu d'huile, dans une cuilliere de fer ; il nous a donné un éthiops minéral très-attirable par l'aimant.

14. Il résulte de toutes les analyses que nous avons faites des eaux martiales de Recques, qu'elles contiennent un grain de fer par livre, un peu de terre calcaire en dissolution ; qu'elles ne sont point salines, ni alkalines, ni savoneuses, ni enfin dominées par aucun acide.

Nous n'avons aucune observation qui constate, d'une maniere physique, l'effet de ces eaux, n'ayant jamais eu l'occasion d'en prescrire l'usage à personne, nous avons fait prier les citoyens Médecins & Chirurgiens de Montreuil, de nous faire part des observations qui seroient à leur connoissance sur cet objet; nous sommes encore privés de leur réponse.

Nous estimons cependant qu'elles sont principalement toniques, & qu'en conséquence elles sont indiquées dans tous les cas où les solides & les vaisseaux de tout genre ont perdu de leur ressort, d'où résultent la viscosité glutineuse de la lymphe & des autres fluides, reconnoissant le défaut d'élaboration & d'atténuation, & de-là la langueur des fonctions, des sécrétions, des excrétions, &c. & qu'enfin elles conviennent en général dans les occasions où on doit employer le safran de Mars.

Analyses des eaux martiales de Wierre-aux-Bois, près Samer.

Nous nous sommes transportés, le 20 Décembre 1785, à Wierre-aux-bois, pour y analyser les eaux, dites de fer; nous y avons observé:

1. Que les terres & les pierres par

où elles passent, & celles de leurs environs, sont calcaires. Cette fontaine, située au bas d'une éminence, offre cinq sources séparées les unes des autres, lesquelles se réunissent à une seule, pour ne former qu'un ruisseau assez rapide. Les endroits par où ces eaux passent, sont couverts d'une rouille un peu pâle, tirant sur le jaune.

2. La teinture de tournesol n'y opere aucun changement.

3. Ayant mis une pincée de noix de galle en poudre dans un gobelet de cette eau, il s'y est formé une couleur pourprée fort légere. Cette eau transportée à Samer dans des bouteilles bien bouchées, n'a plus donné, deux heures après l'avoir puisée à la source, aucune marque de la présence du minéral; ce qui prouve que le peu de fer qu'elle contient, est dans l'état de suspension par un gaz subtil quelconque.

4. Le sirop de violettes ne la verdit presque point.

5. L'eau de chaux la trouble à peine.

6. L'alkali volatil n'y forme aucun précipité, & ne change en rien la couleur ni la transparence de l'eau.

7. L'huile de tartre par défaillance trouble l'eau, & y forme un précipité qui se dissout dans l'acide vitriolique.

8. Si, dans un verre de cette eau, on verse quelques gouttes de la dissolution du mercure en cristaux, par l'acide nitreux dissous dans l'eau distillée, on obtient un turbith minéral assez sensible.

9. La dissolution d'argent ne forme qu'un léger précipité blanc.

10 Nous avons transporté à Boulogne seize livres de cette eau, dans des vases bien bouchés; l'ayant fait évaporer dans des capsules au bain de sable jusqu'à siccité, nous avons eu un gros & demi d'un résidu grisâtre; & pour nous assurer si ces eaux contenoient des matieres sulphureuses, nous partageâmes ce résidu en deux parties égales, nous en mîmes une partie sur les charbons ardens, d'où il ne se dégagea aucune odeur, il est resté une terre blanche en trop petite quantité pour pouvoir la reconnoître plâtreuse; ce qui nous auroit assuré de l'existence de la terre séléniteuse contenue dans ces eaux. L'autre partie de ce résidu ayant été soumise à l'action de l'acide vitriolique foible, il s'est fait une effervescence légere & un précipité. Après

en avoir décanté l'eau, nous avons mis sur le précipité quelques gouttes d'huile de tartre par défaillance, d'où est résulté un précipité grisâtre, qui, étant desséché, s'est trouvé indissoluble par tous les acides.

Il paroît donc clair, par les analyses que nous avons faites de ces eaux, qu'elles sont de la nature des eaux salines, très-peu ferrugineuses, qu'elles ne sont point sulphureuses, & qu'enfin elles se réduisent presque à l'état de neutralité, n'étant dominées ni par l'acide vitriolique, ni par l'alkali. Nous n'estimons pas devoir porter nos recherches analytiques sur l'eau, étant assurés sur tout de la petite quantité de fer qu'elles contiennent.

Extrait d'un mémoire manuscrit sur le Commerce & l'Agriculture du District de Boulogne, Département du Pas-de-Calais, envoyé en 1783 à la Société Nationale de Médecine & d'Agriculture de Paris.

Tout ce qui est exposé sur l'histoire topographique, relativement sur tout à l'étendue & à la position du Boulonnois, me dispense d'en parler dans le présent extrait. Je me borne donc à y rapporter les objets qui m'ont paru d'ailleurs les plus intéressans pour l'agriculture & le commerce.

Les terres sont en général divisées en soles ; la premiere année elles rapportent du bled, la seconde, les grains pour la nourriture des bestiaux, & la troisieme elles restent en soles. Cependant depuis plusieurs années, on n'observe pas rigoureusement cette division par soles dans le Bas-Boulonnois.

On défriche souvent des parties de pâturage, qui, après avoir rapporté plusieurs années de suite, sont remises à leur premier usage.

On ne parque point les moutons en général dans le pays.

Nous avons trois espèces de marne, la blanche sur-tout dans le Haut-Boulonnois, la grise & la bleue dans le Bas. La qualité de la terre détermine en général le laboureur à lui préférer telle ou telle de ces trois espèces de marne, qu'on trouve presque toujours sur les endroits même, ou à portée des terres où on veut les employer. La grise & la blanche conviennent parfaitement aux terreins humides; la bleue trouve sa place pour les autres différentes terres. C'est aussi la qualité du sol qui détermine la quantité de marne qu'on doit y employer. C'est communément trois cents tombereaux par mesure.

Les effets de la marne durent douze à quinze ans. La marne grise, beaucoup plus dure & plus rare que les deux autres, ne commence à opérer qu'après plusieurs années; mais aussi elle se soutient beaucoup plus long-temps.

On ne fait point usage dans notre pays de sable de mer, de plantes maritimes, ni de la combustion des autres plantes, pour amander les terres, comme on le fait ailleurs.

Le bled, le ſeigle quelquefois mêlé, l'avoine, la veſce, avec un pois gris-brun, qu'on appelle biſaille, les fêves ſeules, & ſouvent avec un pois gris, un mélange de fêves, de veſce & de biſaille, & enfin un autre appellé hivernage, fait avec un mêlange de ſeigle, d'une ſorte d'orge, nommée ſoucrion, de lentilles, ou d'une veſce griſe, ſont les eſpeces de grains cultivés dans nos cantons.

On n'y fait uſage d'aucune plante pour les arts.

La culture des terres & le nombre de chevaux employés pour le labour, varient ſelon la nature du terrein.

La plus grande partie des laboureurs font éteindre de la chaux, qu'ils mêlent avec leur bled, ou ils l'arroſent avec l'eau de chaux en le retournant, pour le préſerver du noir; mais l'attente du ſuccès a été ſouvent détruite par l'expérience.

On a commencé depuis quelques années à ſarcler les grains avec ſoin, ſur-tout les bleds & les ſeigles, on ſe contente ſeulement d'échardonner les autres grains.

L'impétuoſité des vents & les pluies

fréquentes, nous obligent à l'engrangement de presque toutes nos récoltes ; ce qui, joint au grand nombre d'éleves qu'on fait en ce pays, nécessite une grande étendue de bâtimens dans toutes nos campagnes, & occasionne des frais de construction & d'entretiens, qui absorbent année commune plus d'un huitieme du revenu.

Le Boulonnois suffit à peine pour la subsistance de ses habitans : loin donc d'en exporter les grains, il est souvent, au contraire, nécessaire d'y en importer, notamment de la Picardie, de l'Artois & du Calaisis. Ceux qu'on récolte dans le Boulonnois, ainsi que les légumes, sont de la meilleure qualité.

L'orge ou soucrion qu'on cultive dans notre pays, s'emploie avec le houblon qu'on tire de l'étranger pour faire la bierre, qui est la boisson ordinaire, & dont il se fait aussi des envois au dehors.

On cultive peu de lin dans le pays, encore moins de chanvre, & point de colza ni garance.

Nous avons à Boulogne & dans les environs, des manufactures de savons vert & blanc, de bas au métier, de bougies & blancheries de cire, de tabac & de grosses étoffes.

On y fabrique aussi des fayences, des grès, des poteries de diverses especes, des huiles, carreaux, &c. J'ai dit ailleurs que le pays fournit les terres propres pour ces ouvrages.

A l'égard des plants particuliers & des forêts, dont j'ai parlé dans mon ouvrage, le chêne du pays est, sans contredit, le plus estimé, à raison de sa dureté, pour la construction des vaisseaux, pour la charpente, &c.

On forme beaucoup d'éleves en chevaux, vaches, moutons & cochons dans le Boulonnois, & particuliérement dans le Bas, où il y a des herbages & des pâturages abondans.

On compte dans notre District douze mille jumens poulinieres, dont la taille ordinaire est de quatre pieds dix pouces; elles ont en général les yeux, le corps, les flancs, les jambes & les pieds bons, aussi sont-elles d'un bon service pour le trait & la fatigue.

Les poulains se vendent à dix-huit mois aux marchands étrangers; ils sont devenus fort chers depuis quelques années.

Depuis la suppression des haras, l'espece des poulains s'accroît en beauté & en qualité ; aussi sont-ils plus recherchés qu'à l'ordinaire.

Le nombre immense des vaches qui existent dans le Boulonnois, est d'une ressource de la plus grande importance, par le produit du beurre dont on fait un commerce assez considérable ; la partie du lait qui reste, après qu'on a fait le beurre, sert aussi à la nourriture des individus & des bestiaux, tels que veaux, cochons, &c. Les moutons & leurs laines sont de la meilleure espece, par les raisons exposées dans mon ouvrage.

Il y a peu de fermes un peu considérables dans le Boulonnois qui n'ait un troupeau de moutons plus ou moins nombreux, selon le nombre & la nature des terres.

J'ai lu avec un vif intérêt les mémoires du citoyen Delporte, sur l'éducation des bêtes à laine longue, & sur les moyens d'en améliorer les races, publiées par la Société Nationale d'Agriculture & de Commerce de Paris.

Je renvoie mes lecteurs à cet excellent ouvrage, avec d'autant plus de confiance & de satisfaction, qu'ils y trouveront tout ce que je crois qui a été dit & pratiqué jusqu'à présent dans la République Françoise sur cet objet. Le citoyen Delporte a obtenu de cette savante société, le prix bien mérité de son ouvrage. A Paris, de l'imprimerie de la Faculté du Cultivateur, rue des Fossés-St.-Victor, N°. 12.

Observation sur une angine considérable, par le citoyen Souquet, Médecin de l'hôpital militaire de Boulogne-sur-mer.

AGÉ de soixante-cinq ans, d'une constitution forte & vigoureuse, d'un tempérament plutôt sanguin que bilieux, je fus attaqué, le 24 Septembre 1787, d'un mal de gorge léger, à la base ou partie postérieure de la langue, & de l'amigdale gauche. La douleur de l'engorgement inflammatoire, qui alla en augmentant & en s'étendant peu-à-peu, malgré les gargarismes simples ordinaires, à la base de la luete, derriere le voile du palais, au larynx & au pharynx, les deux côtés enfin furent bientôt également pris; je n'obſervai au ſurplus aucune eſpece de régime pendant les premiers jours. La déglutition devint dès le quatrieme jour fort laborieuſe : les ſoupes, les épinards, les boiſſons, le ris, & autres farineux, étoient les ſeuls alimens qui paſſoient, même avec peine. Cette difficulté d'avaler alla toujours en augmentant, à tel point que le ſeptieme jour la déglutition & vocifération furent preſque interceptées ; puiſque je ne pouvois boire à la fois, à cette époque, qu'une cuillerée à thé ou à café, de liquide quelconque, ni faire uſage d'aucun gagariſme, ſans éprouver des douleurs violentes. Le huitieme jour la déglutition fut abſolument interceptée, & la voix fort altérée. La fievre, aſſez modérée en général, étoit purement ſymptomatique à ce mal local, qui ne c'eſt jamais manifeſté à l'extérieur.

J'employai d'abord les moyens curatifs ordinaires ; les lavemens, les pedi-luves, deux fortes ſaignées du bras, les cataplaſmes émolliens, les ſangſues appliquées ſur la gorge, & la pharyngotomie des deux côtés, avec beaucoup de difficultés, à raiſon de l'engorgement inflammatoire très-douloureux de la baſe de la langue, du larynx, du pharynx, &c. Après laquelle opération on n'apperçut qu'une goûte de sang noir, si épais qu'il resta à l'endroit de l'incision qui lui avoit donné issue, & le tout sans le moindre succès. Privé dans ce moment de tout espoir de résolution & de suppuration, ne pouvant plus m'attendre qu'aux terminaisons gangreneuse & skirrheuse, réfléchissant, très-sérieusement & fort tristement sur mon état, qui n'offroit qu'une fin funeste, je me déterminai, le douzieme jour, quatre heures après la susdite opération, à l'application du cataplasme suivant, qui fut placé d'un angle à l'autre de la mâchoire inférieure. Je mis sur des étoupes la pulpe des plantes émollientes, que j'arrosai avec l'esprit volatil de sel ammoniac, & sous-poudré de suite avec la poudre composée de celles de gingembre, de canelle, de clous de girofle, de poivre, de noix muscade, & de mouches cantharides, de chaque vingt-quatre grains, mêlées exactement ensemble, je versai sur le tout suffisante quantité d'esprit de térébentine, pour bien humecter & lier les poudres avec la pulpe. A peine ce cataplasme fut-il appliqué sur la gorge, &

bien contenu par le bandage ordinaire, que j'éprouvai un million de piquures, semblables à celles des fourmis ; les douleurs allant toujours en augmentant, ne m'étant pas possible de les supporter plus de cinq quarts d'heures, je levai ledit cataplasme, qui étoit sec & dur comme une planche. La gorge & le cou, dont l'épiderme se détachoit d'espace en espace, étoient très-rouges, & enflammés ; j'avalai de suite un plein gobelet de bierre qui se trouva sous ma main.

Frappé encore de ma situation cruelle, & des suites funestes qu'elle m'avoit présentées, je remis au même endroit le susdit cataplasme, avec un cinquieme seulement des poudres & des esprits ; mais la douleur fut encore si violente, que je ne pus la soutenir que pendant deux heures ; l'altération inexprimable étoit si forte, que je bus trois pots de cette bierre dans l'espace de deux heures. Après le premier pot, j'en vomis la moitié ou environ ; je continuai ensuite à boire abondamment des boissons rafraîchissantes, acidules & délayantes, agréables & variées, selon le goût. La soif inextinguible étoit aussi forte, que le dégoût & la répugnance pour toute espece

espece d'alimens étoit absolue, sur-tout pour les viandes & les bouillons gras, dont je ne pouvois pas même entendre parler, sans une sorte d'aversion.

Les évacuations alvines ayant été nulles pendant sept jours, malgré les lavemens qui n'entroient plus, à raison de la dureté de la matiere excrémentielle qui se présentoit, il seroit difficile d'ajouter au travail laborieux que j'éprouvai pour me délivrer de ce rocher: deux cuillerées d'huile de castor laxative, dont on fait usage en Angleterre, en faciliterent la sortie.

Au rétablissement de la déglutition & de la vocifération succéda le hoquet, qui, étant d'abord presque continuel, & le fidele compagnon de l'inappétence, diminua peu-à-peu, à mesure que les sucs se renouvelloient, s'adoucissoient & se rafraîchissoient par les boissons & les alimens, dont je ne pouvois prendre à la fois que deux ou trois cuillerées, aussi souvent qu'il m'étoit possible, des crêmes de riz au lait, de celles de pain, du gruau & d'autres farineux, du lait de beurre, &c. &c. Le tout sans goût jusqu'au cinquieme jour, que je mangeai un œuf frais, & le lendemain, que le hoquet prit fin, je goûtai sans répugnance, un merlan, de la morrue fraiche, & autres poissons légers, grillés ou bouillis. Le goût pour le gras a été fort tardif, je pouvois à peine le voir & le sentir sans répugnance, jusqu'au quinzieme jour après le premier instant du rétablissement de la déglutition.

Mes forces très-languissantes, ont été deux mois ou environ à se rétablir.

Les ulcères occasionnés par le cataplasme au cou, à la gorge & au parties qu'il couvroit, ont suppuré long-temps, & ils ont été fort opiniâtres à se cicatriser.

Il me paroît clair que c'est l'alkalescence des fluides, sur-tout de ceux qui arrosent les premieres voyes, qui ont donné lieu au hoquet & à la répugnance absolue pour toute espece d'alimens, principalement les gras.

On doit sentir aisément la maniere dont le cataplasme, qui est l'objet essentiel de la présente observation, a exercé son action, pour opérer la guérison de cette cruelle maladie. Je me borne au surplus à dire, que c'est la sixieme fois que j'ai eu l'occasion de faire usage, en différens temps, pour pareils cas, de ce moyen curatif, toujours avec le même ſuccès, depuis quarante-ſix ans que j'exerce la médecine.

A Boulogne-ſur-mer, le 18 Décembre 1787.

EXTRAIT du mouvement de l'hôpital de Boulogne-ſur-mer, relativement aux Volontaires du 10.me bataillon du Pas-de-Calais.

DE quatre-vingt-douze malades du dixième bataillon des volontaires du Pas-de-Calais, entrés à l'hôpital depuis le mois de Février juſqu'à la fin d'Avril 1793, deux ſeulement y ſont morts.

En Mai, Juin & Juillet juſqu'au 16 Août, il eſt entré, toujours du même bataillon, cent quatre-vingt-quinze; douze de ce nombre y ont ſuccombé, dont trois, agoniſans à leur entrée, ſont morts vingt-quatre & trente-ſix heures après, & un foible convaleſcent étant ſorti, mourut ſix heures après ſa rentrée à l'hôpital. Preſque tous les autres, très-malades, traités & gardés à leur quartier ſix, ſept ou huit jours, plus ou moins, avant d'être conduits à l'hôpital, avoient déjà la bouche & la langue noires.

Ceux qui y sont entrés au mois de Juillet dernier & dans la premiere quinzaine du courant, étoient attaqués de fievres putrides, malignes, vermineuses, de diarrhées, dont quelques-unes dyssentériques, très-fœtides, d'hémorragies nazales *à dissolutione*, & plusieurs d'éruptions pourpreuses, suivies quelquefois d'un gangrenisme général, terminé par le sphacèle d'une frétur insupportable. La plus grande partie laissoient aller spontanément sous eux les évacuations alvines, presque tous avoient les lévres & la bouche noires; la langue sur-tout étoit très-seche, rapeuse & comme rôtie: Leur soif étoit inextinguible.

La très grande propreté en tout genre, le renouvellement & la liberté de l'air dans les salles, les lits sans rideaux, les bouillons maigres, aucune espece de gras, les différentes boissons acidulées abondamment prises, auxquels on ajoutoit un peu de rob des baies de Sureau, le *decoctum album ex codice*, ou décoction blanche, l'eau de riz, le julep calmant, l'hypécacuanha à petites doses, & souvent en bols, ou autrement six grains de rhubarbe, de camphre & d'hypécacuanha, de chaque un grain, avec six gouttes de teinture anodine de Sydenham; le catholicum double, la mixture des teintures de quinquina & de rhubarbe très-légérement camphrées, édulcorées & acidulées avec le sirop de vinaigre, la gelée de groseilles ou autres sirops acides quelconques; les potions thériacales, le diascordium dans un peu de vieux vin rouge, les vésicatoires, le lait d'amendes & le cordial au vin, sont en général les moyens que nous avons mis en usage pour maîtriser cette cruelle maladie, selon les indications qu'elle présentoit, tant par son caractere, son intensité, que par les accessoires & accidens, qui en sont les compagnons ordinaires.

La maniere de vivre & d'être des volontaires du susdit bataillon, presque tous habitans de la campagne, est absolument l'inverse de leurs anciennes habitudes; la mal-propreté des quartiers, des chambres, des lits, des linges, des couvertures, leur passion pour les bains de mer, sur-tout pendant les grandes chaleurs que nous avons éprouvées, ayant l'estomach gorgé d'alimens d'une espece bien différente de ceux dont ils vivoient à la campagne ; d'eau-de-vie & d'autres sortes de boissons, transpirant & suant abondamment, se couchant la plupart, en sortant de l'eau, sur l'herbe ou sur des endroits humides, où ils restoient plus ou moins long-temps endormis; telles sont les causes principales de la maladie cruelle qu'ils ont éprouvée.

Aucun dragons ni bourgeois n'a essuyé, à notre connoissance, cette maladie, du moins ne s'en est-il présenté aucun à l'hôpital ; ce qui est une preuve claire de mon assertion.

Les épidémies ne reconnoissent souvent que de pareilles causes locales, dont les maladies devenues contagieuses, se communiquent & se propagent de proche en proche dans les villes, & même dans les campagnes, tandis que celles du bataillon des volontaires du Pas-de-Calais, n'ont existé que dans leur quartier, & de là à l'hôpital où on les transportoit : j'ai rendu compte ailleurs de cette vérité.

Il est donc de la plus grande importance de surveiller le tout avec soin, pour mettre fin à cette conduite déréglée, & très-dangereuse, en obligeant les volontaires à tenir leurs lits, leurs linges, leurs hardes, leurs chambres propres & lavées, ainsi que le quartier de tous ses alentours.

Il ne nous reste à l'hôpital que vingt & un malades du même bataillon, tous bons convalescens. Le plus grand nombre de ceux qui en sont sortis guéris, sont rentrés dans leur quartier, & les autres quoique très-foibles, frappés & affectés du désir d'aller chez eux, s'y sont transportés.

Nous croyons devoir vous observer ici, citoyens Administrateurs du District, & Officiers municipaux de la ville, qu'on ne sauroit rien ajouter à la propreté & aux soins que les sœurs de notre hôpital ont, à tous les égards possibles, des infortunés malades confiés à leurs soins.

Cette maladie, fort contagieuse, exige donc les plus grands soins pour s'en garantir; à cet effet, il faut inhumer le cadavre de celui qui y a succombé au plus tard six heures après sa mort, le transporter directement au cimetiere, sans l'entrer dans aucune église, & que les personnes qui l'accompagneront se tiennent à une certaine distance du cercueil.

Le traitement de cette maladie, à

quelques nuances près, est le même que celui que j'ai employé dans celle du même caractère, qui formoit l'épidémie de Boulogne en 1771, 1772 & 1773, ainsi que dans celles d'Etaples, de Neufchâtel, de Frencq, de Réty, de St. Inglevert & de Wirwigne, en 1780 & 1781, ou environ, consignées dans des mémoires envoyés à ces époques aux autorités de la ci-devant province du Boulonnois, à la Faculté de médecine & à la Société ci-devant royale de médecine de Paris.

J'estime devoir saisir l'occasion présente, pour mettre sous les yeux des citoyens lecteurs les moyens à employer dans les épidémies contagieuses, pour s'en garantir.

Dans le cours des épidémies confiées à mes soins, déjà rapportées, j'ai toujours eu l'attention d'aller faire mes visites à jeûn, autant qu'il m'a été possible, d'avoir le vinaigre, dit des quatre voleurs, que je faisoit passer, & que je mêlois avec beaucoup de têtes d'ail exactement pilées; on passoit le tout avec expression. J'en employois la colature, ainsi que les prêtres, les autres officiers de santé & les servans, comme il suit.

Nous en prenions un peu dans la bouche, nous nous en frottions les mains, la figure, & nous en versions sur nos mouchoirs avant d'entrer dans les salles, dans les chambres & les maisons des malades : nous n'y prenions rien, pas même du tabac, on n'y avaloit pas sa salive. J'y examinois les malades, évitant soigneusement leur respiration, & me lavant toujours les mains avant de sortir de ces lieux, tenus aussi propres qu'il étoit possible. On jettoit de suite, dans un grand baquet plein d'eau, tous les linges, & ce qui d'ailleurs étoit gâté par les évacuations alvines & autres matieres ; on arrosoit les appartemens avec de l'eau & du vinaigre, qu'on versoit aussi sur des pelles rouges pour en tirer une vapeur anti-septique ; on y faisoit détoner de la poudre à canon, on y brûloit des baies de genièvre & du souffre : ces moyens étoient employés à volonté ; mais je crois qu'on y peut ajouter encore celui du vinaigre radical, qui neutralise de suite les miasmes méphitiques. Pour cet effet on en imbibe un morceau d'éponge, placé dans une petite cassolette, ou bien on en met dans un petit flacon. Il faut aussi en faire tomber quelques gouttes sur le mouchoir; j'estime au surplus que ce vinaigre, un des meilleurs anti-septiques connus, est très-indiqué pour les fievres putrides vermineuses, &c. On remplira cet objet, en en mettant dix à douze gouttes dans un grand gobelet plein de tisane ordinaire; le malade en prendroit quatre ou cinq par jour, sans se relâcher d'ailleurs sur les autres moyens prescrits.

La plupart des officiers de santé, les prêtres & les servans qui ont suivi les épidémies en question, y ont succombé, les autres ont essuyé des maladies qui les ont conduits jusqu'à la derniere extrêmité. Presque tous & même les officiers de santé, sur-tout à l'ouverture des cadavres qui s'est faite à l'hôpital en différens temps, pendant le regne de la maladie, méprisant les moyens que j'avois indiqués pour nous préserver de cette alarmante maladie, en ont été les victimes, je suis le seul de ce nombre qui n'ait point éprouvé de maladie caractérisée; mais les travaux *diurnes* & *nocturnes* ont tellement altéré, épuisé & affoibli ma constitution, qu'elle ne s'en est jamais parfaitement rétablie. Cette assertion est à la connoissance de notre District & de nos villes voisines.

Fait à Boulogne, le 18 Août 1793, l'an second de la République Française, une & indivisible.

SOUQUET.

MANIERE de faire cuire les pommes de terre au bain de vapeur, sans frais.

LE citoyen Nowell, Anglais, Médecin instruit, m'en a communiqué le procédé. Il faut prendre, pour cet effet, une marmite servant à faire la soupe, dans laquelle on met de l'eau. On y adapte un vase de fer-blanc, dont le fond soit plat & percé de petits trous comme un passoir. Ce vase s'introduit dans la marmite à un pouce de profondeur, & doit être contenu par un rebord qui l'empêche de s'enfoncer plus avant. Les dimensions doivent être prises si exactement, que la vapeur de l'eau de la marmite ne puisse s'échapper entre ses parois & celles du vase de fer-blanc; le couvercle de ce vase est de la même matiere,

& doit être convexe en forme de chapiteau. Il faut qu'il ferme le vase aussi de maniere à s'opposer au passage de la vapeur.

Les pommes de terre se mettent dans le vase de fer-blanc ; on fait bouillir l'eau de la marmite, & c'est la vapeur de cette eau, qui, s'insinuant par les trous, pénétre les pommes de terre, lesquelles par ce moyen cuisent fort vîte, sans rien perdre de leurs sucs ni leur sel ; en sorte qu'elles en sont beaucoup meilleures & plus nourrissantes.

Ce qui ajoute à l'économie de ce procédé, c'est qu'on peut faire cuire la viande dans la marmite en même temps que la vapeur du bouillon procure la coction des pommes de terre.

L'intérêt & l'avantage que ce mémoire présente pour l'humanité, m'a déterminé à l'insérer dans mon ouvrage.

ETENIM

Homo sum ! humani nihil à me alienum puto. Terenc. Andr.

TABLE DES MATIERES.

FIN de la Table des matieres.

De Citoyenne Malinge
A. Maumenet Maling

www.ingramcontent.com/pod-product-compliance
Ingram Content Group UK Ltd.
Pitfield, Milton Keynes, MK11 3LW, UK
UKHW012220240726
13966UKWH00003B/863

9 782012 938212